Arena-Taschenbuch
Band 0403

Von Margot Berger sind als Arena-Taschenbuch erschienen:
Das große Pferde-Quiz (Arena-Taschenbuch 2309)

Reiterhof Birkenhain:
Aufregung im Stall (Band 1 der Reihe, Arena-Taschenbuch 1970)
Großer Auftritt für Sally (Band 2, Arena-Taschenbuch 1971)
SOS – Pferd verschwunden (Band 3, Arena-Taschenbuch 1972)
Ein starkes Team (Band 4, Arena-Taschenbuch 1973)
Sturmnacht am Meer (Band 5, Arena-Taschenbuch 1974)
Rettung in letzter Minute (Band 6, Arena-Taschenbuch 1975)
Rätsel um das braune Fohlen (Band 7, Arena-Taschenbuch 1976)
Achtung: Pferde in Not! (Band 8, Arena-Taschenbuch 1977)
Spuk im Stall (Band 9, Arena-Taschenbuch 1978)
Ende für die Reitschule? (Band 10, Arena-Taschenbuch 1979)
In den Sattel, fertig, los . . .
(Sammelband 1, Arena-Taschenbuch 1980)
Nicht ohne unsere Pferde!
(Sammelband 2, Arena-Taschenbuch 1981)
Tumult im Pferdestall (Sammelband 3, Arena-Taschenbuch 1982)
Rettet die Pferde! (Sammelband 4, Arena-Taschenbuch 2375)
Wir lieben unseren Pferdehof!
(Sammelband 5, Arena-Taschenbuch 2489)

Margot Berger
begann ihre Journalistenlaufbahn als Redakteurin bei großen Tageszeitungen und Frauenzeitschriften. Heute arbeitet sie als selbstständige Journalistin und Buchautorin in Hamburg. Als begeisterte Reiterin schreibt sie auch für Pferdezeitschriften und Jugend-Tiermagazine.

Margot Berger

Können Fische schlafen?

Die schlausten Fragen
und Antworten zur Tierwelt

Arena

In neuer Rechtschreibung

Originalausgabe
1. Auflage als Arena-Taschenbuch 2007

Fotos: Margot Berger
Umschlaggestaltung: Frauke Schneider
Umschlagtypografie: knaus. büro für konzeptionelle
und visuelle identitäten, Würzburg
Gesamtherstellung: Westermann Druck Zwickau GmbH
ISSN 0518-4002
ISBN 3-401-00403-4
ISBN 978-3-401-00403-7

www.arena-verlag.de

Inhalt

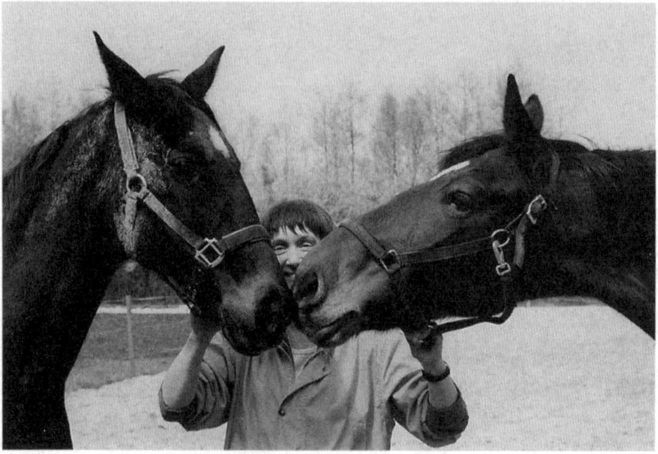

Margot Berger mit Tipo und Cindy

Hallo, Tierfreund!

Wie gut kennst du dich in der Welt der Tiere aus? Teste dein Wissen! 300 Quizfragen erwarten dich – knifflige und spannende, lustige und tückische. Fragen wie diese:

»Haben Elefanten Milchzähne?«
»Kriegen Eisbären kalte Füße?«
»Was haben Tiger mit Pferden gemeinsam?«
»Brauchen Seepferdchen Hufeisen?«
»Wie schmust der Wal mit seiner Frau?«
»Können Delfine ertrinken?«
»Wann frühstückt ein Hamster?«
»Küssen Hasen sich?«
»Warum beißen Hunde Postboten?«

Der Test führt dich zu den wilden Tieren in Afrika, in die geheimnisvollen Tiefen der Ozeane, aber auch zu unseren heimischen Tieren in Feld und Wald. Natürlich findest du auch viele Fragen zu deinem Lieblingshaustier. Und alles über die tollsten Tierrekorde.
Bei jeder Frage kannst du unter drei Antworten wählen. Die Auflösung bietet dir superinteressante Infos, mit denen du deine Freunde verblüffen kannst.

Für jede richtige Antwort gibt es einen Punkt. Nach der 300. Frage werden alle Punkte zusammengezählt. Dann schnell zur Siegerehrung auf Seite 189 weiterblättern und nachgucken, wie du abgeschnitten hast.

Viel Spaß beim Rätseln wünscht dir
Margot Berger

1. Kapitel

In tiefer Wildnis

1. Was haben Tiger mit Pferden gemeinsam?
a) Sie lassen sich reiten
b) Sie wiehern lauthals
c) Sie prusten manchmal

♣

2. Weshalb hat das Fell des Tigers so auffällige Streifen?
a) Streifen lassen Tiger schlanker und eleganter erscheinen
b) Beim Anschleichen im hohen Gras wirkt das Fell als Tarnung
c) Im Dschungel gehen Tiger wie Polizisten »auf Streife«

♣

3. Wann trägt der Tiger sein Tarnkleid?
a) Sonntags und Weihnachten
b) Tag und Nacht, also immer
c) Nur wenn er auf Beutezug ist

♣

4. Wie putzt sich ein Tiger nach dem Fressen?
a) Er wartet auf einen Wolkenbruch und lässt sich kräftig durchregnen
b) Er rubbelt seine schmutzigen Krallen an Dornenhecken sauber
c) Er beleckt sich Vorderpfoten und Fell wie unsere Hauskatzen

♣

5. Welches Hobby haben Tiger?
a) Durch Reifen springen
b) Schwimmen
c) Tanzen

♣

6. Wo triffst du garantiert keine Tiger in freier Wildbahn?
a) In Kenia
b) In Indien
c) In Russland

♣

7. Wie groß ist das Revier eines Tigers?
a) Etwa so groß wie 10 Fußballfelder
b) Größe ist egal, Hauptsache, es ist ein Fluss dabei
c) Mindestens so groß wie die Insel Sylt

♣

8. Welche Farbe haben die Eier, die Leoparden legen?
a) Gelb mit schwarzen Tupfen
b) Braun mit schwarzen Streifen
c) Leoparden legen keine Eier

♣

9. Wer fürchtet sich vor Leoparden?
a) Antilopen und Ziegen
b) Spatzen und Meisen
c) Löwen und Pumas

♣

10. Wohin schleppen Leoparden erbeutete Tiere?
a) Auf einen hohen Baum
b) In eine ausgescharrte Grube
c) Auf eine Insel im Fluss

11. Wer darf einen Leopardenpelz tragen?
a) Reiche Frauen ab 10 Grad Kälte
b) Schauspielerinnen im Film
c) Nur der Leopard selbst

♣

12. Ein anderer Name für schwarze Leoparden lautet
a) Schwarzer Peter
b) Schwarzer Panther
c) Schwarze Witwe

♣

13. Wie schnell rennt ein Gepard?
a) 50 Stundenkilometer – diese Geschwindigkeit dürfen Autos in Städten fahren
b) 100 Stundenkilometer – Höchstgeschwindigkeit für Autos auf Landstraßen
c) 120 Stundenkilometer – so schnell fahren viele Autos auf der Autobahn

♣

14. Welches ist die größte Katzenart?
a) Löwe
b) Leopard
c) Tiger

♣

15. Wer frisst im Löwenrudel das größte Stück der Beute?
a) Die Männchen
b) Die Weibchen
c) Die Löwenkinder

♣

16. Löwen schlafen ohne Deckung in der Steppe. Was sagt dir das?
a) Löwen sind dumm, schließlich könnte ein Feind sie überfallen und fressen
b) Löwen brauchen Sonnenenergie, um ihre inneren Akkus aufzuladen
c) Löwen wissen, dass sie keine Feinde unter den Tieren haben

♣

17. Was ist »typisch Löwe«?
a) Der Chef liegt träge und faul inmitten des Rudels
c) Löwenmännchen spielen mit den Jungen
b) Das gesamte Rudel tobt ständig lebhaft umher

♣

18. Wie sprechen Löwen?
a) Sie jaulen herzergreifend
b) Sie brüllen Furcht erregend
c) Sie röhren markerschütternd

♣

19. Wie begrüßen Löwenjunge ihre Mütter bei der Rückkehr?
a) Sie ziehen die Löwin spielerisch am Schwanz
b) Sie reichen ihrer Mutter erfreut die Pfoten
c) Sie reiben die Köpfe an ihr und umarmen sie

♣

20. Warum wurden Pumas in Amerika fast ausgerottet?
a) Pumas überfielen gern Hamburger-Restaurants und fraßen sie total leer
b) Viele Amerikaner glauben, dass jeder Schurke als Puma wiedergeboren wird
c) Pumas rissen Schafe, Kälber und Fohlen amerikanischer Viehzüchter

♣

21. Welchen zweiten Namen tragen Pumas?
a) Berglöwe
b) Taltiger
c) Pistenpanther

♣

22. Was versteht man unter Luchspinsel?
a) PIN-Nummern, auf die man wie ein Luchs aufpassen muss
b) Lange Haarbüschel an den Ohren von Luchsen
c) Teure Malerpinsel aus den Haaren von Luchsen

♣

23. Der Schwanz des Luchses ist
a) stark geringelt
b) extrem kurz
c) ungewöhnlich lang

♣

24. Ein Raubtiergebiss besitzt
a) dolchartige Eckzähne
b) schnurgerade Zahnreihen
c) eingebaute Giftzähne

♣

25. Wie wehren Stachelschweine einen Angriff ab?
a) Sie schätzen ab, wo der Angreifer am meisten verwundbar ist, und schießen ihre Stacheln dorthin ab
b) Sie stoppen ihre Flucht, gehen rückwärts und rammen dem Angreifer die Stacheln ins Gesicht
c) Sie igeln sich ganz klein ein und rollen sich dann blitzartig ins nächste Gebüsch

♣

26. Welche Hyäne gibt es nicht?
a) Streifenhyäne
b) Karohyäne
c) Fleckenhyäne

♣

27. Wann lacht die Hyäne?
a) Wenn sie einen Löwen ausgetrickst hat
b) Das ist Unsinn, kein Tier kann lachen
c) Wenn sie sich vor Freude sehr aufregt

♣

28. Wie nennt man den kleinen Mungo in Indien?
a) Büffelwürger
b) Schlangentöter
c) Tigerkiller

♣

29. Wie öffnet ein Mungo harte Eierschalen?
a) Er wirft die Eier gegen eine Wand
b) Er rollt sie unter einen Autoreifen
c) Er kratzt die Eier mit der Pfote auf

♣

30. Woher hat der Waschbär seinen Namen?
a) Bei jeder Gelegenheit wäscht er sich den Pelz
b) Er rubbelt seine Jungen täglich mit nassen Blättern ab
c) Er taucht alles ins Wasser, was ihm in die Finger gerät

♣

31. Wie wird ein großer Bär wegen seines Musters auf der Brust genannt?
a) Krawattenbär
b) Kragenbär
c) Reißverschlussbär

♣

32. Stehen Bären aus dem Winterschlaf auf, um zu fressen?
a) Ja, sie wachen mehrmals auf und gehen dann auf die Jagd
b) Ja, aber sie jagen nicht, weil sie als Vorrat Beutetiere vergraben haben
c) Nein, Bären zehren von ihren angefressenen Fettpolstern

♣

33. Bauen sich Bären Betten?
a) Ja, sie stapeln die weichen Felle ihrer erlegten Tiere im Freien auf
b) Ja, in einer Höhle polstert der Bär sich eine Ruhestatt aus Laub und Gras
c) Nein, derart robuste Wildtiere schlafen direkt auf dem Boden

♣

34. Wie groß wird der größte Braunbär?
a) Etwas über 2 m
b) Bis zu 2,50 m
c) Gut 3 m

♣

35. Der riesige Grislibär gilt
a) als großer Fischfänger
b) als großer Feigling
c) als großer Frauenverführer

♣

36. Warum heißen Pandabären auch Bambusbären?
a) Weil sie für ihren Nachwuchs Nester in Bambussträuchern bauen
b) Weil man sie auf gar keinen Fall mit Bambusblättern füttern darf
c) Weil sie fast ausschließlich Blätter oder Sprossen des Bambus fressen

♣

37. Wo lässt eine Panda-Mama ihr Baby bei der Futtersuche?
a) Sie baut ihm eine versteckte Wiege hoch in einer Baumkrone
b) Mutter Panda drückt ihr Baby mit einer Vorderpfote an ihr Fell
c) Sie legt es in eine kleine Grube und scharrt Zweige darüber

♣

38. Haben Elefantenkinder Milch-Stoßzähne?
a) Nein, Milchzähne gibt es nur bei Menschenkindern
b) Ja, sie fallen aus und werden durch dauerhafte Stoßzähne ersetzt
c) Nein, die Stoßzähne sind von Geburt an fest im Kiefer verankert

39. Womit verbringt jeder Elefant viel Zeit?
a) Rüsselpflege
b) Fußpflege
c) Hautpflege

♣

40. Was für ein Körperteil ist der Rüssel?
a) Die Verlängerung der Speiseröhre
b) Lange Hautausstülpung statt eines Maules
c) Ein Allzweckteil aus Nase und Oberlippe

♣

41. Das Baby des Elefanten bezeichnet man als
a) Elefantenkalb
b) Elefantenkitz
c) Elefantenfohlen

♣

42. Verstehen Elefanten, was du sagst?
a) Natürlich nicht, sie besitzen schließlich kein menschliches Gehirn
b) Ja, am Klang erkennen sie ständig wiederholte Wörter
c) Ja und nein – nur im Zoo geborene Elefanten erkennen Wörter

43. Nehmen Elefanten »Anhalter« mit?
a) Ja, Elefanten lassen oft Vögel auf ihrem Rücken mitreisen
b) Ja, Elefanten tragen müde Jungtiere im gekrümmten Rüssel
c) Nein, in der Steppe muss sich jeder allein durchschlagen

♣

44. Wie heißen enge Verwandte unseres Elefanten?
a) Saurier
b) Säbelzahntiger
c) Mammut

♣

45. Was ist die Lieblingsspeise der Giraffen?
a) Junge Zebras und Gazellen
b) Fische, die in Wasserlöchern leben
c) Baumblätter, besonders Akazienblätter

♣

46. Mit welchem Trick ergattern Giraffen Blätter hoch in der Baumkrone?
a) Sie lassen Affen als Helfer an ihrem Hals emporklettern
b) Durch geschicktes Hochspringen mit allen Beinen
c) Giraffen lassen ihre Zunge einen halben Meter vorschnellen

♣

47. Wie gelangen Giraffen ans Trinkwasser?
a) Sie grätschen die Vorderbeine sehr weit oder knien sich hin
b) Sie legen sich auf die Seite und drehen den Kopf zum Wasser
c) Sie schwimmen so weit hinaus, bis sie bequem stehen und trinken können

♣

48. Wie hoch ist ein neugeborenes Giraffenbaby?
a) 0,5 m
b) 1 m
c) 2 m

♣

49. Wie viele verschiedene Muster gibt es bei Giraffen?
a) Ungefähr 100, das Muster ergibt sich je nach Alter
b) Etwa 10, die Zeichnung hängt vom Futter ab
c) Jede Giraffe hat eine einzigartige Fellzeichnung

♣

50. Haben Gazellen ein schönes Leben?
a) Ja, weil sie in traumhaften Landschaften zu Hause sind
b) Ja, denn jeder findet sie hübsch und niemand hat Angst vor ihnen
c) Nein, ständig lauern ihnen Löwen, Leoparden, Geparden auf

♣

51. Wie werden Kamele liebevoll genannt?
a) Wüstenschiffe
b) Sandjogger
c) Schaukeltiere

♣

52. Was speichert ein Kamel im Höcker?
a) Wasser
b) Fett
c) Vitamine

♣

53. Wie nennt man das Kamel mit zwei Höckern?
a) Tölpeltier
b) Trampeltier
c) Tollpatschtier

♣

54. Wann spucken Lamas?
a) Wenn ein Zoobesucher rote Kleidung trägt
b) Spucken kommt lediglich bei frechen Jungtieren vor
c) Lamas spucken nur, wenn sie sich gehörig aufregen

♣

55. Wie machen Menschenaffen sich wichtig?
a) Sie pfeifen hinter süßen Affenmädchen her
b) Sie trommeln gegen ihre Brust oder schütteln Bäume
c) Sie machen Handstand oder schlagen Rad

56. Sind Affenweibchen gute Mütter?
a) Ja, aber ausschließlich bei Menschenaffen
b) Ja, Affen betreuen ihre Kinder voller Hingabe
c) Nein, Affen kümmern sich kaum um ihre Jungen

♣

57. Womit halten sich manche Affen beim Klettern fest?
a) Mit ihrem kräftigen Gebiss
b) Mit Saugnäpfen unter den Füßen
c) Mit ihrem langen Greifschwanz

♣

58. Die gegenseitige Fellpflege bei Affen heißt
a) Lausen
b) Flöhen
c) Spinnen

♣

59. Welcher Affe steht dem Menschen am nächsten?
a) Pavian
b) Schimpanse
c) Brüllaffe

60. Einen dieser Affen gibt es nicht. Welchen?
a) Den Hutaffen
b) Den Mantelpavian
c) Den Turnschuhgorilla

♣

61. Wo entdeckst du keinen Orang-Utan?
a) In tropischen Regenwäldern
b) An der Nordseeküste
c) Im Gewirr von Lianen

♣

62. Wo verbringen Gorillas die Nacht?
a) In alten Hängematten, die Forscher zurückgelassenen haben
b) In Nestern, die sie aus Zweigen und Pflanzen zusammenbauen
c) Gorillas schlafen nachts nicht, sondern gehen auf Beutejagd

♣

63. Warum sind Zebras trotz der Streifen gut getarnt?
a) Tagsüber legen sie sich 12 Stunden flach auf den Sandboden
b) Sie reißen Laubzweige ab und bedecken ihren Rücken damit
c) Das schwarz-weiße Muster verschwimmt in der flirrenden Hitze

♣

64. Wiehern Zebras?
a) Nein, sie röhren oder bellen heiser
b) Ja, sie wiehern wie Pferde, nur leiser
c) Nein, sie schweigen aus Furcht vor Löwen

♣

65. Tragen alle Nashörner nur 1 Horn?
a) Die Jungtiere tragen nur 1 Horn, Nashornbullen 3 oder 4
b) Bei gutem Futter haben Nashörner bis zu 5 Hörner
c) Afrikanische Nashörner besitzen 2 Hörner, indische 1 Horn

♣

66. Sind Nashörner länger als große Pferde?
a) Ja, sie sind bis zu 3,60 m lang
b) Ja, die kleinsten messen 9,50 m
c) Nein, sie sind kleiner als Schweine

♣

67. Wer ist der größte Feind des Nashorns?
a) Löwen
b) Tiger
c) Menschen

♣

68. Welchen anderen Namen trägt das Nashorn noch?
a) Ameisenbär
b) Rhinozeros
c) Tapir

♣

69. Warum können Schlangen sich so gut winden und schlängeln?
a) Weil ihre Haut aus extrem dehnbarem Stretchmaterial besteht
b) Weil bereits Jungschlangen lernen sich um Zweige zu schlingen
c) Weil ihr Körper aus vielen hundert Wirbeln besteht

♣

70. Wie fressen Schlangen ihre Beutetiere?
a) Gar nicht, denn Schlangen leben nur von Blättern und Beeren
b) Schlangen verschlingen ihre Beute in einem Stück
c) Sie holen sich nur kleine Reste, die Löwen und Tiger übrig lassen

♣

71. Welches dieser 3 Tiere ist keine Schlange?
a) Anakonda
b) Grüne Mamba
c) Roter Sichler

♣

72. Warum tanzen Schlangen nach der Flöte des Schlangenbeschwörers?
a) Flötentöne wirken wie eine Hypnose auf Schlangen
b) Schlangen lieben Musik und winden sich gern danach
c) Sie sind taub und folgen nur den Bewegungen des Flötenspielers

♣

73. Wie lange funktioniert der Giftzahn bei Schlangen?
a) Einmal. Nach jedem Biss reibt die Schlange sich an tropischen Giftpflanzen die Zähne mit neuem Gift ein
b) Etwa ein Jahr bis zur nächsten Häutung. Dabei wird der Zahn mit abgestreift und es wächst ein neuer
c) Immer. Das Gift bildet sich in einer Drüse im Kiefer und wird durch den Zahn in die Bissstelle gespritzt

♣

74. Ein Gecko kann
a) unter der Zimmerdecke entlanglaufen
b) auf Klaviertasten ein Lied spielen
c) Hunde zum Lachen bringen

75. Wie gelangen giftige Tropenspinnen zu uns?
a) Auf dem Rücken von Zugvögeln, die in den warmen Tropen überwintert haben
b) Über ihre Spinnfäden, die Giftspinnen sogar über einen ganzen Ozean weben können
c) Im Lagerraum von Schiffen, die tropische Früchte (wie Bananen) an Bord haben

♣

76. Wie heißt eine gefährliche amerikanische Giftspinne?
a) Finstere Witwe
b) Schwarze Witwe
c) Unheimliche Witwe

♣

77. Fressen Spinnen ihre Männchen auf?
a) Ja, viele Spinnen kennen beim Fressen kein Pardon
b) Ja, aber erst, wenn das Männchen eines natürlichen Todes gestorben ist
c) Nein, Spinnen fangen in ihren Netzen ausschließlich Insekten

♣

78. Kann der Vogel Strauß fliegen?
a) Ja, aber er kommt nur 1 m hoch
b) Ja, wenn er tüchtig Anlauf nimmt
c) Nein, aber dafür kann er schnell rennen

♣

79. Mit welchen Waffen kämpft ein Strauß?
a) Mit seinen Beinen, damit teilt er gefährliche Schläge aus
b) Mit seinem Schnabel, die Spitze ist scharf wie ein Dolch
c) Mit seinen Federn, er wirbelt damit Sand auf und rennt im Staub davon

♣

80. Wer hat gern einen Strauß zum Freund?
a) Krokodile und Schlangen
b) Zebras und Antilopen
c) Hyänen und Löwen

♣

81. Ein Straußenei wiegt so viel wie
a) 5 Hühnereier
b) 10 Hühnereier
c) 20 Hühnereier

82. Kennst du ein anderes Wort für Kängurus?
a) Taschentiere
b) Tütentiere
c) Beuteltiere

♣

83. Zoos mit Kängurus müssen beachten, dass die Beuteltiere
a) über 3 m hohe Zäune und Absperrungen springen können
b) viel Futter verbrauchen, weil sie die Hälfte in ihrem Beutel horten
c) alle vier Wochen eine Menge Junge bekommen

♣

84. Wie kommt das Kängurubaby in den Beutel der Mutter?
a) Es krabbelt nach der Geburt selbstständig über das Fell der Mutter und kriecht in den Beutel
b) Mutter Känguru verbirgt das Junge zuerst im Gebüsch, erst wenn es groß genug ist, um aus dem Beutel zu gucken, darf es hinein
c) Normalerweise lebt das Kängurujunge außen, bei seinen ersten Springversuchen landet es oft zufällig im Beutel

85. Wenn Kängurus kämpfen, nennt man das
a) Ringkampf
b) Beuteltier-Judo
c) Känguru-Karate

♣

86. Was setzt der Papagei als Werkzeug ein?
a) Seinen krummen Schnabel
b) Seine kräftigen Federn
c) Seine stämmige Brust

♣

87. Wo gibt es die meisten Papageienarten?
a) Am Amazonas in Brasilien
b) Auf der Insel Mainau im Bodensee
c) Am Nil in Ägypten

♣

88. Warum sind Papageien oft so bunt wie ein Farbkasten?

a) Das ist ein bitteres Schicksal, weil sie durch ihre Farbenpracht Raubtiere anlocken

b) Bunte Federn wirken im üppig blühenden Regenwald wie eine Tarnung

c) Sie fressen ausschließlich bunte Beeren, die das Gefieder automatisch färben

2. *Kapitel*

In Wasser und Eis

89. Delfine heißen auch »Flipper«, weil sie
a) mit ihrer glänzenden, glatten Haut total flippig aussehen
b) Brustflossen besitzen, die der Fachmann Flipper nennt
c) so schnell schwimmen, wie eine Kugel durch den Flipperautomat rast

♣

90. Wie fühlt ein Delfin sich an?
a) Schuppig und rau wie ein alter Karpfen
b) Glatt und fest wie ein hart gekochtes, gepelltes Ei
c) Glitschig und weich wie eine junge Qualle

♣

91. Wie nennt man eine Gruppe von Delfinen, die zusammenlebt?
a) Schule
b) Universität
c) Firma

♣

92. Mögen Delfine Menschen gern leiden?
a) Nein, das ist nur ein merkwürdiges Märchen
b) Ja, aber das gilt nur für die Trainer von Zoo-Delfinen
c) Ja, Delfine helfen Menschen ähnlich wie ihren Artgenossen

♣

93. Warum springen Delfine?
a) Aus Angst, wenn sie von Haien verfolgt werden, denen sie durch Sprünge entkommen wollen
b) Aus Fitnessgründen, sie sind zu dick geworden und wollen abnehmen
c) Aus Freude, Neugierde und um Fischschwärme in die Enge zu treiben

♣

94. Warum können Delfine »mit den Ohren sehen«?
a) Eine Laune der Natur, alle Delfine kommen ohne Augen zur Welt
b) Es gibt Delfin-Arten, deren Augen nicht am Kopf, sondern auf den Ohren sitzen
c) Delfine senden Schallwellen aus und hören am Echo, wo es z. B. Fischschwärme gibt

95. Können Delfine ertrinken?
a) Unmöglich, sonst würden sie wohl kaum im Meer leben
b) Nein, Delfine atmen wie alle Fische mittels Kiemen
c) Ja, weil sie als Säugetiere mit der Lunge atmen

♣

96. Ein Blauwal wiegt so viel wie
a) 5 Tiger
b) 10 Pferde
c) 20 Elefanten

♣

97. Frieren Wale im Eismeer?
a) Ja sicher, jeder friert in eiskaltem Wasser
b) Nein, eine Speckschicht unter der Haut wärmt sie
c) Nein, Wale rubbeln sich an den Eisschollen warm

♣

98. Wie besorgen sich viele Wale ihr Mittagessen?
a) Sie entreißen Haifischen blitzschnell die Beute, denn Wale jagen wegen ihres schweren Körpers ungern selber
b) Sie drücken Fischerboote unter Wasser und fressen den gelagerten Fang auf
c) Sie lassen Wasser ins aufgerissene Maul eindringen und »durchsieben« es nach Kleintieren

♣

99. Welcher Beruf passt am besten zu einem Pottwal?
a) Tauchlehrer
b) Surflehrer
c) Segellehrer

♣

100. Warum sind Pottwale leichte Beute für Walfänger?
a) Wale sind von Natur aus blind und erkennen ein Schiff erst, wenn es direkt auf sie zuhält
b) Ihre Augen liegen unterm Bauch, so sehen Wale zwar Beute unter sich, aber kein Schiff
c) Nach dem Auftauchen sind die Tiere erschöpft und brauchen viel Ruhe zum Luftholen

101. Wo bekommen Walmütter ihre Babys?
a) Sie robben an Land in eine geschützte Bucht
b) Das Junge wird im Meer unter Wasser geboren
c) Das Weibchen zieht sich auf den Grund der Tiefsee zurück

♣

102. Die gewaltige Wolke beim Ausatmen des Wals heißt
a) Flöt
b) Blas
c) Pfeif

♣

103. Gibt es den Gesang der Buckelwale wirklich?
a) Nein, das ist schwachsinniges Seemannsgarn
b) Nein, nur Menschen und Vögel können singen
c) Ja, Wale singen sogar ganze Strophen

♣

104. Wie schmust der Wal mit seiner Frau?
a) Meeresbewohner schmusen grundsätzlich nicht miteinander, das tun nur Tiere auf dem Festland
b) Sie stehen aufrecht im Wasser, reiben die Haut aneinander und streicheln sich mit den Flossen
c) Gar nicht; nur neugeborene Babys schmusen, indem sie erwachsene Wale mit der Schwanzflosse streicheln

♣

105. Als die Fische der Urzeit zu Landbewohnern wurden, entwickelten sich ihre Flossen zu
a) Ohren
b) Haaren
c) Beinen

♣

106. Wie atmen Fische?
a) Fische atmen gar nicht, weil sie dabei ja Wasser schlucken würden
b) Einmal am Tag stecken sie den Kopf aus dem Wasser und holen kräftig Luft
c) Sie holen sich mit Hilfe ihrer Kiemen Sauerstoff aus dem Wasser

107. Welche Form hat der Körper von schnellen Fischen?
a) Er ist turnschuhförmig
b) Er ist stromlinienförmig
c) Er ist scheibenförmig

♣

108. Können Fische unter Wasser schlafen?
a) Ja, Fische schweben dann mit offenen Augen
b) Ja, aber nur im Innern eines versunkenen Schiffes
c) Nein, Fische schlafen überhaupt nicht

♣

109. Wozu sind Flossen gut?
a) Zu nichts, sie sind ein nutzloser Rest aus der Urzeit
b) Zum Steuern und um das Gleichgewicht zu halten
c) Um außerhalb des Wassers atmen zu können

♣

110. Warum sinken Fische nicht bis zum Meeresgrund hinab?
a) Fische verursachen beim Schwimmen einen Wasserwirbel, der sie vorm Sinken schützt
b) Auf dem Grund des Meeres bläst ein ständiger Tiefseewind, der Fische nach oben treibt
c) Fische besitzen eine Schwimmblase im Körper, mit der sie ihre Schwimmhöhe bestimmen

♣

111. Was kann der Hai mit seinem Gebiss machen?
a) Nachts herausnehmen und im Wasser schwimmen lassen
b) Beutefische mit seinen Giftzähnen betäuben
c) Beim Fressen stülpt der Hai das Gebiss nach vorn

♣

112. Welcher Hai besitzt ein seltsames Maul, das wie ein Werkzeug aussieht?
a) Zangenhai
b) Hammerhai
c) Bohrerhai

113. Warum fürchten Menschen sich vor Haien?
a) Haie sind Raubfische, die Blut kilometerweit wittern
b) Haie fallen oft Fischerboote an und bringen die Besatzung um
c) Haie vergiften das Badewasser an Ferienstränden

♣

114. Welches ist die schärfste Waffe der Piranhas?
a) Dolchartige Flossen
b) Messerscharfe Zähne
c) Giftige Schuppen

♣

115. Was können Zitterrochen, was kaum ein anderer Fisch kann?
a) Durch Muskelzucken Melodien erzeugen
b) Starke Stromstöße aussenden
c) Sich im Eismeer warmzittern

♣

116. Brauchen Seepferdchen Hufeisen?
a) Ja, aber leider wollen viele Schmiede nicht tauchen, um die Tiere zu beschlagen
b) Sie brauchen keine Hufeisen, weil sie nicht über Asphaltstraßen traben müssen
c) Seepferdchen benötigen keine Hufeisen, weil sie gar keine Hufe haben

♣

117. Krokodile leben nur in bestimmten Regionen. Wo?
a) Im nördlichen Eismeer
b) In warmen Gegenden
c) In nassen Wäldern Europas

♣

118. Krokodile gehören zu den
a) Panzerechsen
b) Rüstungsechsen
c) U-Boot-Echsen

♣

119. Wo verstecken Krokodile ihre Eier?
a) In Sandgruben oder in großen Nestern aus Laub
b) In Löchern, die sie in den Grund von Flüssen buddeln
c) Krokodile legen keine Eier, sie bekommen Junge

♣

120. Bekommen Krokodile beim Tauchen Wasser in die Nase?
a) Ja, dann tauchen sie auf und husten wie wild
b) Nein, sie halten stundenlang die Luft an
c) Nein, weil sie ihre Nase verschließen können

♣

121. Vorne besitzen alle Krokodile
a) einen Schnabel
b) eine Schnauze
c) eine Futterluke

♣

122. Ein berühmtes Krokodil ist nach seinem Heimatfluss genannt. Nach welchem?
a) Rhein
b) Wolga
c) Nil

♣

123. Wie heißt eine besondere Art von Krokodilen?
a) Alimente
b) Alligator
c) Ali Baba

♣

124. Wie zerlegen Krokodile ihre Beutetiere?
a) Sie machen sich zu mehreren darüber her
b) Sie zerlegen die Beute nicht, sondern verschlingen sie im Ganzen
c) Sie zerreißen sie durch rasches Drehen um den eigenen Körper

♣

125. Weshalb heißt der Seehund Seehund?
a) Weil er die Meereshöhle des Wassermanns so zuverlässig bewacht wie ein Hund
b) Weil er wie ein Hund ängstlich den Schwanz einkneift, wenn er sich fürchtet
c) Weil sein Skelett überwiegend so aussieht wie das Knochengerüst eines Hundes

♣

126. Wie heißt ein verlassenes Seehundkind?
a) Klager
b) Heuler
c) Brüller

♣

127. Wo sonnen Seehunde sich am liebsten?
a) Auf trockenen Sandbänken im Wattenmeer
b) In Hängematten an Bord von Schiffen
c) Auf dem Rücken von alten Krokodilen

♣

128. Welches Tier gehört nicht zu den Robben?
a) Seebär
b) Seeelefant
c) Seelachs

♣

129. Welchen Namen trägt eine Robbenart?
a) Wasserpanther
b) Seelöwe
c) Wellentiger

♣

130. Wo ist der Eisbär zu Hause?
a) Am Nordpol und am Südpol
b) Auf dem Packeis am Nordpol
c) Am Südpol und auf Alpengletschern

♣

131. Was unterscheidet Eisbären von anderen Bären?
a) Sie haben einen schmaleren Kopf und einen längeren Hals
b) Eisbären besitzen 4 Pelzflossen an Stelle von vier Füßen
c) Sie tragen einen 2 m langen Schwanz zum Fegen der Eisschollen

♣

132. Kriegen Eisbären kalte Füße?
a) Ja, darum lecken sie ihre Füße jede Stunde mit ihrer rauen Zunge warm
b) Nein, unter den Fußsohlen haben sie Hufe, die den direkten Kontakt mit Eis verhindern
c) Nein, die Fußsohle des Eisbärs trägt einen dichten Pelz aus Haaren

♣

133. Was ist das Besondere am Eisbärenpelz?
a) Der Pelz gefriert im Wasser zu einer spiegelglatten Eisschicht; der Bär kann damit schneller schwimmen
b) Der dichte Pelz wirkt als Schutzschild gegen Kälte und lässt Wasser rasch abperlen
c) Eisbärenjunge krallen sich im ersten Lebensjahr im Bauchfell der Mutter fest und werden getragen

134. Warum können Eisbären so gut schwimmen?
a) An Stelle von Füßen besitzen sie Flossen aus Pelz
b) Zwischen den Zehen haben sie Schwimmhäute
c) Ihre Speckschicht trägt sie, denn Fett schwimmt oben

♣

135. Wo suchen Eisbären im eisigen Polarwinter Schutz?
a) Sie graben sich schmale, lange Gänge in Schnee und Eis
b) Eisbären brauchen keinen Schutz, sie lieben Kälte und Wind
c) Bärenmänner stellen sich dicht an dicht nebeneinander, um sich zu wärmen

♣

136. Warum sterben Eisbären in Freiheit bald aus?
a) Weiße Tiere haben sich in der Natur als unpraktisch erwiesen
b) Eisbären werden verstärkt für Zoos gefangen
c) Das Packeis schmilzt und die Bären gelangen nicht mehr in ihre Jagdgründe

137. Wo leben Pinguine?
a) Nur auf der südlichen Erdhalbkugel
b) Nur auf der nördlichen Erdhalbkugel
c) Überall, wo es Fische im Meer gibt

♣

138. Wie schnell können Pinguine fliegen?
a) Etwa so schnell wie Enten, Puten, Hühner
b) Pinguine fliegen so rasant wie Falken
c) Gar nicht, sie zählen zu den flugunfähigen Vögeln

♣

139. Was ist aus den Federn der Pinguine geworden?
a) Sie sind im Laufe von Millionen Jahren ausgefallen
b) Sie überlappen sich wie Schuppen und sind wasserdicht
c) Sie sind nach innen gewachsen und bilden eine Wärmeschicht

♣

140. Wie heißt der größte Pinguin?
a) Kaiserpinguin
b) Präsidentenpinguin
c) Kanzlerpinguin

♣

141. Leben Pinguine lieber einzeln oder mit vielen anderen?
a) Pinguine sind Einzelgänger und ruppig zu allen Artgenossen
b) Sie leben mit vielen anderen Pinguinen in Kolonien
c) Pinguine leben stets zu zweit in selbst gebauten Iglus

♣

142. Wie schützen Pinguine am Südpol die Eier vor Kälte?
a) Die Eier werden in leer gefressene Krebspanzer eingebuddelt
b) Der Pinguinvater legt das Ei in eine Hautfalte über seinen Füßen
c) Pinguinmütter schieben gemeinsam Schneewehen rund um die Nester

3. Kapitel

In Feld, Wald und Wiese

143. Weshalb fliegen Eulen völlig geräuschlos?
a) Ihre Federn haben an den Enden eine besondere, schallschluckende Form
b) Eulen fliegen gar nicht, sondern sie schweben wie ein Segelflugzeug
c) Sie stürzen senkrecht auf die Beute hinab und benutzen ihre Federn wie Fallschirme

♣

144. Ein treffender Name für die Eule lautet
a) Polizist des Waldes
b) Clown der Tiere
c) Jäger der Nacht

♣

145. Wie heißt die schneeweiße Eule?
a) Eiseule
b) Schneeeule
c) Lilieneule

♣

146. Was würgen Eulen regelmäßig aus ihrem Magen heraus?

a) Gewölbe
b) Gewölk
c) Gewölle

♣

147. Kennst du den Namen unserer größten Eule?

a) Patex
b) Uhu
c) Pritt

♣

148. Was ist bei Adlern besonders kräftig ausgebildet?

a) Krallen
b) Federn
c) Herz

♣

149. Das Nest des Adlers trägt den Namen

a) Holger
b) Horst
c) Hansi

150. Ein Körperteil des Adlers ist sprichwörtlich hervorragend ausgebildet. Welches?
a) Das Adlerauge
b) Die Adlernase
c) Die Adlerlunge

♣

151. Was ist an Adlerbeinen besonders auffallend?
a) Adler besitzen gar keine Beine, sondern Höhenruder
b) Im Gegensatz zu anderen Vögeln hat jeder Adler 4 Beine
c) Die Beine eines Adlers sehen aus, als trüge er dicke Socken

♣

152. Warum ziert ein Adler den Deutschen Bundestag?
a) Er verdeckt einen Riss in der Glaswand
b) Der Adler ist unser Bundeswappen-Vogel
c) Alle Minister sind große Vogelfreunde

♣

153. Wo suchen Störche überwiegend ihr Futter?
a) Auf trockenen Feldern
b) In Sümpfen und auf feuchten Wiesen
c) In den Mülltonnen naher Dörfer

♣

154. Wie begrüßen sich Störche im Nest?
a) Durch heftiges Schnabelklappern
b) Durch Zwicken mit dem Schnabel
c) Durch einen schönen Gesang

♣

155. Wo verbringen unsere Störche den Winter?
a) In Afrika
b) In Australien
c) In Amerika

♣

156. Finden Störche bei der Rückkehr ihr Heimatdorf wieder?
a) Ja, aber sie meiden das Dorf, Störche wohnen jedes Jahr woanders
b) Ja, sie beziehen sogar jedes Mal ihr altes Nest wieder
c) Nein, Störche beziehen jedes beliebige Nest, das sie auf einem Dach finden

♣

157. Woran merkt man, dass Schwäne die große Liebe gefunden haben?
a) Verliebte Paare bleiben ein Leben lang zusammen
b) Sie bauen ihre Nester in Herzform
c) Sie schnäbeln praktisch Tag und Nacht

♣

158. War jeder Schwan mal ein hässliches Entlein?
a) Ja, Schwanenkinder haben zunächst unscheinbare graue Federn
b) Ja, unter dem Gefieder jeder Ente steckt ein schneeweißes Federkleid
c) Nein, jeder Schwan kriecht bereits mit weißem Gefieder aus dem Ei

159. Warum pfeifen Murmeltiere?
a) Das ist ihre schrille Art, zu singen
b) Sie warnen sich damit vor Feinden
c) Sie säubern ihre Stimmbänder von Essensresten

♣

160. Wie überleben Murmeltiere eisige Bergwinter?
a) Sie bauen Gänge und verstopfen sie von innen
b) Ihr dickes Fell schützt sie ausreichend vor Kälte
c) Sie verstecken sich in einsamen Jagdhütten

♣

161. Was sagt man Füchsen nach?
a) Intelligenz
b) Dummheit
c) Ängstlichkeit

♣

162. Der weibliche Fuchs heißt
a) Fuchtel
b) Fuchsstute
c) Fähe

163. Wie nennen Jäger den Fuchsschwanz?
a) Gerte
b) Rute
c) Strauß

♣

164. Welche Krankheit verbreiten Füchse?
a) Fuchsteufelswildheit
b) Fuchsienseuche
c) Tollwut

♣

165. Wie nennt man eine Gruppe von Wölfen?
a) Herde
b) Rudel
c) Schule

♣

166. Was haben kleine Wölfe mit kleinen Kindern gemeinsam?
a) Sie tollen liebend gern herum
b) Sie mögen keinen Spinat
c) Sie wollen abends nicht einschlafen

167. Welche Hunde stammen vom Wolf ab?
a) Nur der Schäferhund
b) Alle Hunde mit langer Schnauze
c) Sämtliche Haustier-Hunderassen

♣

168. Wie heißt der Boss der Wölfe?
a) Chefwolf
b) Leitwolf
c) Direktorwolf

♣

169. Wen nennt man Wolf im Schafspelz?
a) Einen jungen Wolf, der noch sein extrem wuscheliges Babyfell trägt
b) Einen alten Wolf, der sich im Winter nachts in Pelzgeschäfte schleicht
c) Einen Menschen, der seine betrügerische Absicht scheinheilig verbirgt

♣

170. Warum heulen Wölfe nachts so schauerlich?
a) Sie haben sich im Gebirge verlaufen und warten auf ein bekanntes Echo
b) Das Heulen zeigt fremden Wölfen an, dass dieses Revier besetzt ist
c) Sie wollen Menschen in Angst und Schrecken versetzen

♣

171. Wie reagiert ein Feldhase bei Gefahr?
a) Durch Fiepen ruft er andere Hasen zu Hilfe
b) Mit seinen scharfen Krallen greift er Fuchs oder Hund an
c) Er drückt sich tief in sein Lager oder auf den Boden

♣

172. Wie fliehen Hasen?
a) Sie schlagen Purzelbäume
b) Sie schlagen Rad
c) Sie schlagen Haken

♣

173. Den Hasenschwanz nennt man
a) Blume
b) Blatt
c) Blüte

♣

174. Und wie heißen die Hasenohren?
a) Messer
b) Gabeln
c) Löffel

♣

175. Küssen Hasen sich?
a) Ja, vor der Hasenhochzeit küssen sie sich mehrmals
b) Nein, Hasen sind schließlich keine verliebten Menschen
c) Natürlich nicht, Küsse sieht man nur auf albernen Zeichnungen

♣

176. Woraus entstanden die Flügel von Fledermäusen?
a) Aus sehr stark verlängerten Armen, Händen und Fingern
b) Aus Federn, die wegen ständigen Regens wasserdicht wurden
c) Aus Hautfalten, die sich durch falsches Liegen im Winterschlaf bildeten

♣

177. Brüten Fledermäuse Eier aus oder bekommen sie lebende Junge?
a) Fledermäuse brüten ein einziges schwarzes Ei aus
b) Alle Fledermäuse bekommen lebende Junge
c) Nur große Fledermäuse bekommen Junge, kleine legen Eier

♣

178. Warum haben Fledermäuse so große Ohren?
a) Weil sie sich in finsterer Nacht mit ihrem guten Gehör zurechtfinden müssen
b) Als Schutz vor hellem Tageslicht klappen sie beim Schlafen die Ohren über die Augen
c) Die Ohren dienen der Fledermaus beim Fliegen zur zusätzlichen Beschleunigung

179. Wie schlafen Fledermäuse tagsüber?
a) Sie kriechen zu hunderten in leer stehende Betten
b) Sie legen sich Seite an Seite in leere Gräben und Bäche
c) Sie hängen sich mit dem Kopf nach unten an Balken oder Zweige

♣

180. Sind Fledermäuse nachts als Blutsauger unterwegs?
a) Ja, man muss im Schlaf jederzeit mit dem Überfall von Vampiren rechnen
b) Nein, europäische Fledermäuse leben von Insekten, Käfern, Schmetterlingen
c) Ja, aber Menschen werden nur angefallen, wenn Fledermäuse nicht genügend Insekten fangen

♣

181. Was sagt man Wieseln nach?
a) Sie sind besonders flink
b) Sie fressen besonders viel
c) Sie kämpfen mutig mit Wölfen

♣

182. Welchen Namen tragen Wiesel mit weißem Fell?
a) Schneewittchen
b) Hermelin
c) Winterwiesel

♣

183. Woran erkennst du einen Dachs?
a) An seinem schwarz-weiß gestreiften Gesicht
b) An seinem gepunkteten Körperfell
c) An seinen extrem langen Hängeohren

♣

184. Wer benutzt den unterirdischen Dachsbau?
a) Nur der Dachs, der die Gänge angelegt hat
b) Zuerst der Dachs, später seine Kinder, Enkel, Urenkel
c) Niemand, der Bau ist nur als Not-Fluchtort gedacht

♣

185. Warum fällen Biber Bäume?
a) Um Baumrinde und Zweige zu fressen
b) Weil Bäume ihnen Sonnenschein wegnehmen
c) Biber wollen lediglich ihre Nagezähne schärfen

186. Wieso legen Biber Dämme zum Stauen von Flüssen an?
a) Weil das Errichten von Dämmen ihnen einfach im Blut liegt
b) Als Lehrstunde für Biberbabys, die richtiges Nagen trainieren müssen
c) Weil der Eingang zu den Biberbauen immer unter Wasser liegen soll

♣

187. Was macht den Biberschwanz so ungewöhnlich?
a) Er lässt sich beim Schwimmen komplett einrollen
b) Er ist flach und mit Schuppen bedeckt
c) Er ist scharf wie ein Küchenmesser

♣

188. Kennst du den Namen der Wildschwein-Kinder?
a) Bache
b) Keiler
c) Frischling

♣

189. Wie sieht das Haarkleid von Wildschweinen aus?
a) Lockig
b) Borstig
c) Seidig

♣

190. Was für Füße hat das Reh?
a) Pfoten
b) Krallen
c) Hufe

♣

191. Wie »sprechen« Rehe, wenn sie sich erschrecken?
a) Sie bellen
b) Sie wiehern
c) Sie meckern

♣

192. Woher wissen junge Rehe, welche Pflanzen sie fressen dürfen?
a) Sie müssen das nicht lernen, denn jedes Tier kann Futter- von Giftpflanzen unterscheiden
b) Kitze schnuppern am Mund ihrer Mutter und suchen nur Pflanzen, die sie auch gefressen hat
c) Das müssen Rehkitze gar nicht wissen, da sie ausschließlich Insekten und Vögel fressen

♣

193. Die Tage, wenn Hirsche lautstark röhren, heißen
a) Herbstlärm
b) Brunftzeit
c) Zickenalarm

♣

194. Wie nennt man den Herrscher über ein Hirschrevier?
a) Platzhirsch
b) Straßenhirsch
c) Alleehirsch

♣

195. Mit welcher Waffe kämpfen Hirsche?
a) Mit dem Geweih
b) Mit den Hinterbeinen
c) Mit Giftzähnen

♣

196. Wo wohnen Elche?
a) In wasserreichen Gegenden
b) Nur in warmen Gebieten
c) Ausschließlich in Schweden

♣

197. Wie nennt man das Geweih des Elchs?
a) Spaten
b) Schaufel
c) Schneeschieber

♣

198. Welche Hirschart wurde zum Haustier?
a) Rothirsch
b) Reh
c) Rentier

♣

199. Wozu wurden Rentiere in Amerika auserwählt?

a) Als erste Tiere mit Raketen zum Mond zu fliegen

b) Am Tag nach Halloween alle Kürbisse zu fressen

c) Den Schlitten des Weihnachtsmannes zu ziehen

4. Kapitel

In unserem Garten

200. Wo leben Eichhörnchen die meiste Zeit?
a) Auf hohen Bäumen
b) Im dichten Gras
c) In unterirdischen Höhlen

♣

201. Wo bleibt das Eichhörnchen bei Regen und Sturm?
a) Es verkriecht sich unter Gartenmöbeln
b) Es sucht Zuflucht in seinem Kugelnest
c) Es versteckt sich unter geparkten Autos

♣

202. Wozu dient der buschige Eichhörnchenschwanz?
a) Beim Springen benutzt ihn das Tier als Steuer
b) Als Schirm bei Hagel und Schnee
c) Um eine Schau abzuziehen und anzugeben

♣

203. Wie kommen Eichhörnchen über den Winter?
a) Sie wühlen auf Müllhalden nach Küchenabfällen
b) Sie fressen sich im Herbst eine Speckschicht an
c) Sie sammeln im Herbst Vorräte und vergraben sie

204. Warum errichten Maulwürfe Haufen auf dem Rasen?
a) Um den Gartenbesitzer zu ärgern
b) Sie bauen unterirdische Gänge und werfen die Erde nach oben
c) Maulwürfe hassen einheitlich grüne Grasflächen

♣

205. Wirft der Maulwurf Erde mit dem Maul hoch?
a) Ja, daher hat er schließlich seinen Namen
b) Nein, er gräbt nur mit seinen schaufelartigen Vorderfüßen
c) Nein, die Erde in den Gängen wird bei leichten Erdbeben hochgedrückt

♣

206. Wie gut sehen Maulwürfe?
a) Ungewöhnlich scharf
b) Durchschnittlich gut
c) Sie sind fast blind

♣

207. Was tun Igel bei Gefahr?
a) Sie verstecken sich in einem Dornenbusch
b) Sie flüchten in eine leere Fuchshöhle
c) Sie rollen sich zu einer Kugel zusammen

♣

208. Weshalb verletzen Igelbabys ihre Mütter bei der Geburt nicht?
a) Ihre Stacheln sind noch weich und biegsam
b) Sie sind bei der Geburt in eine feste Hülle eingepackt
c) Junge Igel schlüpfen aus Eiern, die ausgebrütet werden

♣

209. Warum wird der Steinmarder auch Hausmarder genannt?
a) Er trägt sein Häuschen auf dem Rücken, ähnlich wie eine Schnecke
b) Er wohnt und schläft gern auf den Dachböden von Wohnhäusern
c) Er baut im Garten ein Haus aus Steinen, die er mit Baumharz zusammenklebt

♣

210. Wieso kriechen Schnecken im Schneckentempo?

a) Sie fressen ständig Pflanzen wie Baldrian, die Beruhigungsstoffe enthalten

b) Sie müssen sich mit einem einzigen Fuß mühsam vorwärts bewegen

c) Das Schneckenhaus ist unglaublich schwer und bedeutet eine große Last

♣

211. Warum darf man nie ein Schneckenhaus abreißen?

a) Im Gehäuse sitzt der größte Teil des Körpers

b) Angeblich bringt es entsetzliches Unglück

c) Verängstigte Schnecken beißen heftig zu

♣

212. Wo überwintern die meisten Frösche?

a) In den verlassenen Nestern von Zugvögeln

b) Frösche sind das ganze Jahr im Garten unterwegs

c) Im Schlamm auf dem Grund von Tümpeln

♣

213. Sind Kaulquappen eine besondere Froschart?
a) Ja, es sind durchsichtige Frösche, die nur in sauberem Wasser leben können
b) Nein, es sind Larven, die sich aus Froscheiern entwickeln
c) Nein, Kaulquappen sind Fische, die mit Karpfen verwandt sind

♣

214. Welche drei Wörter kannst du vor »Meise« setzen?
a) Kohl-, Blau-, Hauben-
b) Sing-, Rot-, Wacholder-
c) Schwarz-, Braun-, Rot-

♣

215. Wer trommelt mit dem Schnabel gegen Baumstämme?
a) Spatz
b) Sperber
c) Specht

♣

216. Welche schönen Insekten mit durchsichtigen Flügeln leben an Gartenteichen?
a) Libellen
b) Schmetterlinge
c) Motten

♣

217. Wie heißt ein gelber Frühlings-Schmetterling?
a) Bananenfalter
b) Zitronenfalter
c) Ananasfalter

♣

218. Welchen dieser Schmetterlinge gibt es?
a) Tagpfauenauge
b) Nachthühnerauge
c) Mittagfettauge

♣

219. Wer legt beim Bienenvolk Eier?
a) Jede weibliche Biene
b) Nur die Königin
c) Bienen mit goldumrandeten Flügeln

220. Wie heißen die Honigbienen, die Blütenstaub sammeln?

a) Wabenweibchen
b) Honigsklavinnen
c) Arbeiterinnen

♣

221. Wer stirbt nach dem Stich?

a) Biene
b) Wespe
c) Beide

5. Kapitel

Auf dem Bauernhof

222. Wie heißt der Mann der Kuh?
a) Rind
b) Bulle
c) Schatzi

♣

223. Sind Kühe zärtlich?
a) Nein, Kühe sind stumpfe Tiere, die keine freundlichen Gefühle kennen
b) Nein, Kühe werden aggressiv, wenn ein anderes Tier ihnen zu nahe kommt
c) Ja, Kühe genießen es sehr, wenn ein Kumpel ihnen übers Gesicht leckt

♣

224. Welche Kühe nennt man Schwarzbunte?
a) Scherzname für sehr schmutzige Kühe, die sich in Schlammpfützen gewälzt haben
b) Eine Rasse mit schwarzem Kopf und weißem Körper, der lila angemalt wird
c) So heißen die am meisten verbreiteten Kühe mit schwarzen und weißen Flecken

♣

225. Wie kommt man an die Milch?
a) Man pumpt kräftig am Kuhschwanz
b) Kühe lassen ihre Milch in bereitgestellte Milchpackungen fließen
c) Die Kuh wird von einem Melker gemolken

♣

226. Wie würden Schweine bei einem Intelligenztest abschneiden?
a) Sehr gut, Schweine gehören zu den klügsten Tieren
b) Ausreichend, sie sind weder dumm noch besonders schlau
c) Mangelhaft, sie sind ungewöhnlich schlicht im Kopf

♣

227. Wie heißt das Ende der Schweineschnauze?
a) Rüsselscheibe
b) Schnorchel
c) Steckdose

♣

228. Was brauchen Schweine im Stall?
a) Dunkelheit, Betonfußböden, enge Gitterkäfige
b) Licht, Stroh zum Hinlegen, Platz zum Bewegen
c) Eine dicke Schicht von nassem Mist

♣

229. Sind Schweine wirklich Schmutzferkel?
a) Ja, Schweine leben gern auf total verdreckten Fußböden
b) Ja, daher kommt ja auch der Name »Schmutzferkel«
c) Nein, Schweine sind saubere Tiere und hassen ungepflegte Ställe

♣

230. Wie hört sich die Stimme von Schweinen an?
a) Schweine jaulen und meckern
b) Sie blöken und röhren
c) Sie grunzen und quieken

♣

231. Wie heißt das Kind des Schafs?
a) Zicklein
b) Lamm
c) Kalb

232. Sterben Schafe, wenn man ihnen das Fell schert?
a) Ja, weil sie sich schwer erkälten und Lungenentzündung bekommen
b) Nein, aber man muss sie danach ihr Leben lang mit Decken wärmen
c) Nein, denn die Haare wachsen nach wie bei geschorenen Hunden

♣

233. Wie nennt man Schafe scherzhaft?
a) Lebendige Rasenmäher
b) Lebendige Pullover
c) Lebendige Wärmflaschen

♣

234. Darf man ein einzelnes Pferd halten?
a) Nein, Pferde sind Herdentiere und brauchen immer Artgenossen
b) Ja, wenn andere Tiere wie Schweine oder Kühe in der Nähe sind
c) Reitpferde kann man einzeln halten, Ponys brauchen eine Herde

♣

235. Was verraten nach vorn gerichtete Ohren über die Laune des Pferdes?
a) Es ist aufgeregt und kann jeden Moment ausschlagen
b) Das Pferd hat Angst und fühlt sich von dir bedroht
c) Es ist aufmerksam, neugierig und interessiert sich für dich

♣

236. Was fressen Pferde?
a) Sie wühlen auf der Weide nach Regenwürmern und Käfern
b) Sie schnappen sich im Galopp Vögel, Fliegen und Mücken
c) Sie kauen Weidegras, Heu, Stroh und fressen Hafer

♣

237. Was ist keine Pferderasse?
a) Italiener
b) Andalusier
c) Friesen

♣

238. Was liefern Ziegen?
a) Haare für Perücken
b) Horn für Brillengestelle
c) Milch für Ziegenkäse

♣

239. In welchem Kinderbuch spielen Ziegen mit?
a) Heidi
b) Harry Potter
c) Pippi Langstrumpf

♣

240. Warum marschieren Gänse immer im Gänsemarsch?
a) Laut Tierschutzgesetz müssen alle Junggänse eine Grundausbildung bei der Bundeswehr machen
b) Gänseeier werden auf Schwebebalken ausgebrütet, die Küken müssen also zwangsläufig eines hinter dem anderen gehen
c) Gänseküken sind sicherer vor Feinden, wenn sie hintereinander zwischen Mutter und Vater Gans gehen

♣

241. Bei den Hühnern hat nicht jeder gleich viel zu bestimmen. Die Rangfolge heißt

a) Dienstgrad

b) Hackordnung

c) Beißplan

6. Kapitel

Tiere bei uns zu Hause

242. Wofür hält dein Hund dich?
a) Für einen Artgenossen aus seinem Rudel
b) Für ein Beutetier, das er jagen darf
c) Für einen Menschen, wofür sonst?

♣

243. Wer ist der Boss: dein Hund oder du?
a) Mal so, mal so
b) Mein Hund
c) Ich

♣

244. Wo schläft ein Hund nachts am liebsten?
a) Draußen in einer Hütte, damit er viel frische Luft bekommt
b) Direkt hinter der Wohnungstür, um jedes Geräusch zu hören
c) Im Schlafzimmer, weil er Herrchen oder Frauchen nahe sein will

♣

245. Hundekinder heißen
a) Welfen
b) Wespen
c) Welpen

246. Warum beißen Hunde Briefträger?
a) Hunde hassen jede Art von Uniform
b) Weil Postboten in das Revier der Hunde eindringen
c) Der Hund ist sauer, dass er nie einen Brief bekommt

♣

247. Was ist keine Hunderasse?
a) Dogge
b) Dohle
c) Dobermann

♣

248. Wenn der Hund brav neben dir bleibt, geht er
a) bei Fuß
b) bei Schuh
c) bei Socke

♣

249. Wieso versteht ein Hund Worte wie »Sitz!« und »Brav«?

a) Er versteht sie gar nicht. Gehorchen erreicht man nur durch scharfes Abrichten

b) Am Tonfall hört er, was du meinst, ob dein Kommando fordernd oder lobend klingt

c) Das Verständnis für menschliche Worte erreichen nur sehr gute Züchter

♣

250. Wann hebt der Hund sein Bein, außer für sein kleines Geschäft?

a) Wenn er bei seinem Frühsport Handstand trainiert

b) Nur wenn im Sommer extreme Trockenheit in der Natur herrscht

c) Zum Abstecken seines Reviers durch Duftmarken

♣

251. Welche Hunde haben blaue Zungen?

a) Blaubeer-Dackel, weil sie ausschließlich blaue Beeren fressen

b) Die chinesischen Hunde Chow-Chow und Shar-Pei

c) Kampfhunde, die sich vor Wut ständig auf die Zunge beißen

252. Gibt es eine Urfeindschaft zwischen Hund und Katze?
a) Ja, die Feindseligkeit ist beiden Tieren angeboren
b) Ja, weil Hunde und Katzen sich ihr Futter neiden
c) Nein, sie verstehen nur ihre unterschiedliche Sprache nicht

♣

253. Was mag eine Katze am meisten?
a) Kühlen Schatten
b) Warme Sonne
c) Nassen Sand

♣

254. Wo sitzt eine Katze am liebsten, wenn sie wählen kann?
a) Unterm Sofa
b) Auf dem Teppich
c) Auf der Fensterbank

♣

255. Was gehört unbedingt zur Katzeneinrichtung?
a) Kratzbaum oder Kratzbrett
b) Glöckchen für das Halsband
c) Pfotenschuhe zum Schutz des Teppichs

♣

256. Kennst du das Hobby von Katzen?
a) Mit kleinen Bällen spielen
b) In der Badewanne schwimmen
c) Mit anderen Katzen ringen

♣

257. Wie heißt eine langhaarige Katzenrasse?
a) Araber
b) Lipizzaner
c) Perser

♣

258. Warum fressen Katzen häufig Gras?
a) Sie lieben das Kitzeln der Halme unterm Gaumen
b) Gras hilft bei der Verdauungsarbeit im Magen
c) Grün ist die Lieblingsfarbe aller Katzen

259. Was verabscheuen Katzen?
a) Stille
b) Lärm
c) Flüstern

♣

260. Ist Milch das ideale Futter für Katzen?
a) Ja, schließlich trinken junge Katzen auch Muttermilch
b) Ja, aber nur Vorzugsmilch aus dem Reformhaus
c) Nein, viele Katzen vertragen überhaupt keine Kuhmilch

♣

261. Welche Eigenschaft haben Meerschweinchen?
a) Sie sind kratzbürstig
b) Sie sind gutmütig
c) Sie sind streitsüchtig

♣

262. Sind Meerschweinchen gern Single?
a) Ja, sie hassen jeden Artgenossen
b) Nein, man sollte mindestens 2 halten
c) Nein, sie haben gern einen Hund in der Nähe

263. Was tun Meerschweinchen, wenn sie sich fürchten?
a) Mit ihren Giftzähnen kräftig zubeißen
b) Wegrennen oder in Schreckstarre verfallen
c) Ausschlagen wie Pferde, aber nicht so wirkungsvoll

♣

264. Wann hört man Meerschweinchen pfeifen?
a) Wenn sie Artgenossen vor Gefahren warnen wollen
b) Wenn sie morgens und abends ihr Futter verlangen
c) Bei wichtigen Meerschweinchen-Fußballspielen

♣

265. Was lieben Meerschweinchen?
a) Einen winzigen Käfig, weil sie sich darin sicher vor Feinden fühlen
b) Einen Verschlag, in den sie sich mit anderen Tieren zwängen
c) Freie Bewegung in der Wohnung und einen Auslauf im Garten

♣

266. Wie heißt eine Meerschweinchen-Rasse?
a) Rosinen-Meerschweinchen
b) Rosetten-Meerschweinchen
c) Rosmarin-Meerschweinchen

♣

267. Wann frühstückt der Hamster?
a) Morgens
b) Mittags
c) Abends

♣

268. Warum haben Hamster Hamsterbacken?
a) Sie benutzen die pelzigen Backen, um ausgiebig mit ihrem Partner zu schmusen
b) In freier Natur tragen sie in den Backentaschen Vorräte in ihren unterirdischen Bau
c) Sie pusten zu jedem Hamstergeburtstag Luftballons auf und brauchen dazu viel Luft

♣

269. Wozu brauchen Hamster Zweige im Käfig?
a) Als Besenersatz zum Säubern des Käfigbodens
b) Zum Benagen, denn Hamsterzähne wachsen ständig nach
c) Zur Beruhigung, der Duft von Zweigen wirkt einschläfernd

♣

270. Was ist der Unterschied zwischen Kinderrad und Hamsterrad?
a) Ein Hamsterrad hat immer 4 Pedale
b) Hamster müssen ihr Rad nicht abschließen
c) Das Hamsterrad ist zum schnellen Laufen gedacht

♣

271. Wann ist dein Hamster entspannt und zufrieden?
a) Wenn er sich putzt, während du ihn streichelst
b) Wenn er auf dem Kopf steht, während du Gedichte aufsagst
c) Wenn er seinen Fußboden bohnert, während du ihm vorsingst

♣

272. Wie heißt eine Kaninchenrasse?
a) Blaue Wiener
b) Rote Römer
c) Lila Berliner

♣

273. Was fressen Kaninchen gern?
a) Rohes Fleisch, Fisch, Schnecken
b) Chips, Salzstangen, Brezeln
c) Möhren, Salat, Löwenzahn

♣

274. Welche Kaninchen verstehen sich am besten?
a) Zwei Brüder aus einem Wurf
b) Zwei Schwestern aus einem Wurf
c) Kaninchen sind am liebsten allein

♣

275. Sollen Heimvögel frei umherfliegen?
a) Logisch, wozu haben sie wohl Flügel?
b) Dummes Zeug, fliegen müssen nur Vögel im Freien
c) Nur wenn sie ungeduldig gegen die Gitterstäbe treten

276. Was lieben Vögel über alles?
a) Gitterstäbe
b) Badehäuschen
c) Vogelsand

♣

277. Wie nennt man den normalen Federwechsel?
a) Federtausch
b) Kleiderwechsel
c) Mauser

♣

278. Wo sind Kanarienvögel zu Hause?
a) Auf den Inseln der Karibik
b) Auf den Kanarischen Inseln
c) Auf den Inseln im Nordpolarmeer

♣

279. Wie lernt ein Wellensittich sprechen?
a) Man schmuggelt ihn in die Schule und lässt ihn bei der Deutschstunde zuhören
b) Man spricht ihm täglich in aller Ruhe dieselben kurzen Wörter vor
c) Man füttert ihn mit speziellen Sprechpillen, dann redet er von allein

280. Darf man Haustiere aussetzen?

a) Ja, aber nur, wenn man in den Ferien keinen Betreuer findet

b) Ja, wenn es draußen wilde Verwandte hat, z. B. Kaninchen und Vögel

c) Nein, man darf kein einziges Haustier aussetzen

7. Kapitel

Rekorde der Tiere

281. Welches Tier ist der schnellste Kurzstreckenläufer?
a) Leopard
b) Gepard
c) Tiger

♣

282. Welcher Hai ist für uns Menschen am gefährlichsten?
a) Weißer Hai
b) Riesenhai
c) Katzenhai

♣

283. Welches ist der größte Fisch?
a) Sägefisch
b) Walhai
c) Teufelsrochen

♣

284. Welchen Namen trägt die größte Echse?
a) Komodowaran
b) Grüner Leguan
c) Feuersalamander

285. Wie heißt das langsamste Säugetier?
a) Faultier
b) Siebenschläfer
c) Koala

♣

286. Welches Säugetier ist auf der Langstrecke am schnellsten?
a) Gabelbock
b) Zebra
c) Thomson-Gazelle

♣

287. Welches Tier besitzt das größte Gehirn?
a) Elefant
b) Pottwal
c) Schimpanse

♣

288. Wie heißt der größte Vogel?
a) Strauß
b) Emu
c) Nandu

289. Der kleinste Vogel gehört zu den
a) Spatzen
b) Zaunkönigen
c) Kolibris

♣

290. Welcher Vogel besitzt die gewaltigsten Flügel?
a) Wanderalbatros
b) Mönchsgeier
c) Seeadler

♣

291. Welche Vögel erreichen das höchste Alter?
a) Gänse
b) Papageien
c) Strauße

♣

292. Wer legt das größte Vogelei?
a) Habicht
b) Jagdfalke
c) Strauß

293. Wie ist der Name des gefährlichsten Vogels?
a) Kasuar
b) Mönchsgeier
c) Bussard

♣

294. Welcher Fisch beißt am kräftigsten zu?
a) Seeteufel
b) Schwertfisch
c) Hai

♣

295. Wie heißt die längste Schlange?
a) Schwarze Mamba
b) Anakonda
c) Klapperschlange

♣

296. Welche Pferde laufen am schnellsten?
a) Galopprennpferde
b) Trabrennpferde
c) Wildpferde

♣

297. Das größte Landsäugetier der Erde ist
a) der Moschusochse
b) der Elefant
c) der Löwe

♣

298. Welches ist der kleinste Hund der Welt?
a) Zwergpinscher
b) Westhighland-Terrier
c) Chihuahua

♣

299. Welches Tier wird am ältesten?
a) Riesenschildkröte
b) Krokodil
c) Elefant

♣

300. Wie heißt das Tier mit der größten Körperhöhe der Erde?
a) Orang-Utan
b) Giraffe
c) Grislibär

1c. Tiger prusten zur Begrüßung von Artgenossen, ähnlich wie Pferde.

2b. Obwohl die Fellzeichnung so auffällig erscheint, ist sie doch die beste Tarnung. Schleicht ein Tiger sich im hohen Gras an, erkennt man nicht, wo das Tier aufhört und wo die Halme anfangen.

3b. Sein Tarnkleid trägt der Tiger immer, Tag und Nacht. Er kann gar nicht anders – denn mit Tarnkleid ist sein gestreiftes Fell gemeint.

4c. Oma Duck (die von Donald Duck) sagte ganz richtig: »Tiger sind nichts anderes als große Miezekatzen.« Stimmt. Darum pflegen Tiger sich auch ähnlich wie Hauskatzen: Sie lecken sorgfältig ihr Fell sauber, besonders die Pfoten.

5b. Tiger lieben Wasser. Wer vor einem Tiger fliehen muss, kann nicht darauf hoffen, ihm per Kopfsprung ins nächste Gewässer zu entgehen. Die großen Katzen durchschwimmen selbst breite Flüsse mit Leichtigkeit.

6a. Nein, in Kenia (Afrika) gibt es keine Tiger, sondern in Indien und Russland.

7c. Tiger lieben es, ein riesiges Revier zu durchstreifen. Ein Tiger braucht 60 –180 km^2, um sich wohl zu fühlen – ungefähr die Ausmaße der Insel Sylt. Eine ganze Tigerfamilie zieht schon mal über eine Fläche von 2.000 bis 4.000 km^2!

8c. Du bist doch nicht etwa auf die Frage hereingefallen und hast dich für gelbe Eier mit schwarzen Punkten entschieden? Leoparden legen natürlich gar keine Eier, sie bringen lebende Junge zur Welt.

9a. Antilopen und Ziegen nehmen die Beine in die Hand und fliehen, sobald sie einen Leoparden entdecken, weil sie zu seinen Lieblingsspeisen zählen.

10a. Leoparden tragen erlegte Tiere (sogar ganze Gazellen) auf hohe Bäume hinauf, wo sie ihre Beute zwischen dicke Äste legen. Der Grund: Auf dem Boden können sie nicht ungestört fressen, weil Löwen ihnen das Fleisch streitig machen würden.

11c. Nur der Leopard selbst darf sein schön geflecktes Fell tragen! Zum Glück ist es heute weitgehend verboten, mit Pelzen von gefleckten Großkatzen zu handeln (das steht im Washingtoner Artenschutzabkommen). Leider gibt es aber immer wieder Wilderer, die Leoparden wegen ihres prachtvollen Fells erschießen und den Pelz über die Grenzen schmuggeln.

12b. Der schwarze Panther ist nichts anderes als ein Leopard mit schwarzem Fell.

13c. Unglaublich, wie schnell ein Gepard rennen kann: 120 Stundenkilometer, damit könnte er leicht ein Auto auf der Autobahn überholen. Der Gepard ist das schnellste Säugetier auf der Erde.

14c. Tiger sind die größten Katzen. Sie wiegen mehr als Löwen und erreichen eine Länge bis zu 2,80 m. Löwen werden knapp 2 m. Am größten sind Sibirische Tiger und Bengaltiger (Letzterer wird auch Königstiger genannt).

15a. Wenn nicht genug für alle da ist, erzwingen Löwenmännchen sich das größte Stück der Beute. Erst wenn sie satt sind, dürfen die Weibchen ran und ganz zum Schluss die Kinder.

16c. Nur Tiere ohne Feinde können es sich leisten, ungeschützt in Tiefschlaf zu fallen – wie die Löwen in Afrika. Dass Trophäenjäger (so nennt man Menschen, die Tiere nur deshalb töten, um mit ihrem seltenen Fell anzugeben) ihnen auflauern und sie abschießen, so etwas ahnen Löwen natürlich nicht.

17a. Löwen bewegen sich nicht ohne Not. Im Grunde ist der »König der Tiere« ein bequemer Bursche, der den ganzen Tag faul inmitten seines Rudels liegt. Achte mal beim nächsten Zoobesuch darauf: Löwen faulenzen fast immer, während Tiger unruhig umherstreifen.

18b. Löwenmänner brüllen ohrenbetäubend, um ihre Macht zu zeigen. Aber auch Löwenweibchen brüllen, zum Beispiel, um anderen mitzuteilen, wo sie sich gerade aufhalten.

19c. Es ist rührend, wenn kleine Löwen ihre Mutter begrüßen. Die Jungen reiben ihre Köpfe am Kopf der Löwin und legen ihr die Pfoten um den Hals.

20c. Für die Viehzüchter waren Pumas eine Bedrohung, denn sie rissen die jungen Tiere ihrer Schaf-, Rinder- und Pferdeherden. Alle Pumas, die man erwischen konnte, wurden abgeschossen oder gefangen.

21a. Pumas werden auch »Berglöwe« genannt, weil sie früher häufig in Felsengebirgen jagten. Das Wort Löwe kommt von der äußerlichen Ähnlichkeit mit weiblichen Löwen.

22b. Luchspinsel heißen die lang herausragenden Haarbüschel an den Ohren von Luchsen.

23b. Ein kurzer Stummelschwanz gehört zum Luchs wie die berühmten Pinselohren. Dass der Luchs auch in unseren Wäldern wieder heimisch wird, dafür setzt sich der Bund für Umwelt und Naturschutz Deutschland ein (BUND).

24a. Wenn man sich das Gebiss von Raubtieren (z. B. von Löwen, Bären, Wölfen, Hyänen) ansieht, erfasst einen das Grauen. Die Eckzähne sind beängstigend lang, dolchartig und kräftig. Außerdem besitzen Raubtiere spitze Backenzähne, mit denen sie Fleisch reißen können.

25b. Werden die Nagetiere von Löwen oder Leoparden verfolgt, haben sie keine Chance, was die Schnelligkeit betrifft. Da hilft nur eine List. Ein bedrohtes Stachelschwein stoppt mitten im Lauf, geht rückwärts und rammt dem auflaufenden Angreifer seine zahlreichen Stacheln ins Gesicht. Die messerscharfen Borstenstacheln lösen sich dabei aus der Haut des Stachelschweins und bleiben wie Nadeln in der Haut des Verfolgers stecken. Stachelschweine leben vor allem in Afrika und Asien, einige Arten auch in Italien.

26b. Karohyänen gibt es nicht, Streifen- und Fleckenhyänen dagegen schon. Ihre Namen tragen sie wegen der auffallenden Fellzeichnung. Hyänen leben vor allem in Afrika. Sie fressen tote Beutetiere, die andere Raubtiere übrig lassen, aber Hyänen jagen auch selber, sogar große Tiere wie Zebras und Antilopen.

27c. Hyänen geben bei freudiger Erregung Laute von sich, die wie helles Lachen klingen. Meistens dann, wenn sie mit anderen Hyänen zusammen ein großes Mahl vertilgen. Damit locken sie allerdings größere Raubtiere wie Löwen und Leoparden an, die alle Hyänen sofort von der Beute vertreiben. Wer zuletzt lacht, lacht leider am besten ...

28b. Indische Mungos werden Schlangentöter genannt. Obwohl die Pelztiere nicht größer als Hauskatzen sind, kämpfen sie unerschrocken und geschickt mit mächtigen Schlangen, sogar mit giftigen

Riesenexemplaren wie Brillenschlangen. Mungos sind gegen Schlangengift weniger empfindlich als andere Tiere.

29a. Erbeutete Eier schleudern Mungos mit den Füßen gegen Mauern und Häuserwände, danach fressen sie die Schalen leer.

30c. In freier Natur suchen Waschbären in seichten Gewässern nach Essbarem. Das wirkt so, als wüsche der kleine Bär sich die Hände, daher bekam er seinen Namen. Waschbären tasten mit ihren empfindsamen Fingern unter Wasser nach Krebsen, Schnecken und Würmern. Leben sie in Gefangenschaft (Zoo), tauchen die Bären alles ins Wasser, was aussieht wie Futter.

31b. Der mannshohe Kragenbär trägt auf dem Brustfell eine weiße Zeichnung, die wie ein V aussieht, also wie ein Kragen. Kragenbären leben vor allem in China, Pakistan, Japan, Korea und Russland.

32c. Obwohl Braunbären bis zu fünf Monate Winterschlaf halten, stehen sie zwischendurch nicht zum Fressen auf. Sie futtern sich während des Sommers wärmende Fettpolster an, von denen sie im

Winter zehren. Erwachen die Bären im Frühjahr, haben sie allerdings stark abgenommen. Schwache Bären ohne Fettpolster halten keinen Winterschlaf, wohl aus Angst, diese Zeit nicht zu überleben. Solche ausgehungerten Tiere streunen bei eisiger Kälte auf Futtersuche umher. Wenn sie keine Beutetiere finden, fallen sie sogar Menschen an.

33b. Bären mögen es gemütlich und kuschelig. Für den Winterschlaf bauen sie sich in ihrer Höhle ein richtiges Bett aus Gräsern, Laub, Moos und kleinen Ästen.

34c. Der braune Kodiakbär ist gut 3 m lang. Ein beeindruckender Bursche, der in Alaska zu Hause ist. Braunbären sind Einzelgänger, die sich untereinander nicht gut vertragen.

35a. Grislis sind unglaublich geschickte Fischer! Im Sommer stehen sie in den reißenden Stromschnellen Alaskas und holen mit gezielten Tatzenhieben die größten Lachse heraus.

36c. Pandabären fressen ungefähr 15 kg Bambusblätter und -stängel pro Tag. Darum nennt man die schwarz-weißen Bären aus dem Hochland von China auch Bambusbären. Von diesen menschengroßen Pandabären gibt es leider nur noch sehr wenige. Das liegt an einer Laune der Natur, die den Bambus betrifft: Von Zeit zu Zeit blühen sämtliche Sträucher plötzlich, danach sterben die großen Bambus-Dickichte in China massenhaft ab. Die Pandas finden nichts mehr zu fressen! Bis neuer Bambus heranwächst, dauert es Jahre – viele Pandas verhungern jämmerlich. Bestimmt kennst du den Pandabären als Wappentier der Umweltstiftung WWF.

37b. Neugeborene Pandababys kommen fast ohne Haare zur Welt und sind nicht größer als junge Katzen. Weil sie viel Wärme benötigen, drückt Mutter Panda das Kleine mit der Vorderpfote ständig gegen ihr warmes Brustfell.

38b. Die Stoßzähne von Elefantenkindern sind tatsächlich zuerst Milchzähne (wie bei Menschen). Nach einem Jahr fallen sie aus und die dauerhaften Stoßzähne wachsen nach. Sie bestehen aus Elfenbein, das sehr kostbar ist. Früher fertigte man daraus Schmuckstücke und Klaviertasten. Immer noch gibt es Wilderer in Afrika und Asien, die Elefanten umbringen, ihnen die Stoßzähne absägen und aus dem Land schmuggeln.

39c. Dickhäuter sehen aus, als hätten sie ein dickes Fell, aber das täuscht. Elefantenhaut ist empfindlich und die grauen Riesen verbringen täglich viel Zeit mit der Hautpflege. Elefanten nutzen jede Gelegenheit, zu baden, sich im Schlamm zu wälzen, sich mit Wasser und Sand abzuduschen.

40c. Der Elefantenrüssel entstand aus Nase und verlängerter Oberlippe. Mit diesem Allzweckteil aus tausenden von Muskeln können Elefanten einfach alles. Mit dem flexiblen Schlauch reißen sie Blätter und Gräser ab und stopfen sich das Futter ins Maul. Sie saugen den Rüssel mit Wasser voll, stecken ihn ins Maul und spritzen sich das Wasser hinein. Der Rüssel kann tasten, winzige Dinge ergreifen, große Gewichte heben, Bäume umreißen, Wasserlöcher graben. Er wird als kraftvolle Waffe beim Kampf eingesetzt und zum Beschmusen von netten Menschen, aber auch zum ohrenbetäubenden Trompeten bei Gefahr.

41a. In der Elefantenfamilie bezeichnet man das Baby als Kalb, den Vater als Bullen, die Mutter als Kuh. Elefantenmütter sind übrigens fast zwei Jahre schwanger (»tragend«).

42b. Elefanten hören ausgezeichnet, auch Feinheiten. Darum prägen sie sich Wörter ein, die man oft wiederholt. Natürlich verstehen sie das gesprochene Wort nicht, z. B. »Aufstehen«, aber wenn man es ständig im gleichen Tonfall wiederholt, begreift ein Elefant, was man von ihm will. Ähnlich ist es mit Musik. Man kann Elefanten beibringen bei bestimmten Melodien einen Futterautomaten zu bedienen.

43a. Elefanten nehmen beim Marsch durch die afrikanische Steppe häufig Vögel mit. Meistens lassen sie zierliche Kuhreiher als Begleiter auf ihrem Rücken reisen. Von oben halten die Vögel Ausschau nach fressbaren Insekten.

44c. Gewaltige Rüsseltiere namens Mammut waren die Urahnen unserer Elefanten. Sie lebten in der Eiszeit, trugen 3,50 m lange, geschwungene Stoßzähne und waren erheblich größer als Elefanten.

45c. Giraffen jagen keine Tiere, sie fressen ausschließlich Pflanzen, besonders gern die Blätter von Akazien.

46c. Giraffen besitzen eine äußerst bewegliche, lange Zunge, die sie einen halben Meter vorstrecken können. Damit ziehen sie die oberen Zweige heran und fressen sie ratzekahl ab.

47a. Es wirkt wie eine zirkusreife Nummer, wenn Giraffen am Wasserloch trinken. Sie grätschen ihre Vorderbeine weit auseinander, manche knien sich sogar hin.

48c. Das Giraffenjunge misst bei der Geburt bereits 2 m – das ist die Höhe einer normalen Zimmertür! Ausgewachsene Giraffenbullen sind fast 6 m groß.

49c. Unglaublich, aber wahr: Jede Giraffe hat eine einzigartige Fellzeichnung, obwohl es auf den ersten Blick aussieht, als sähen alle Steppenriesen gleich aus. In den tanzenden Schatten unter Bäumen machen Giraffen sich dank des Maschendraht-Musters regelrecht unsichtbar.

50c. Nein, entspannen können Gazellen sich eigentlich nie. Ständig müssen sie bereit zur Flucht sein, denn hungrige Löwen, Leoparden, Geparden, aber auch Hyänen und große Paviane lauern ihnen auf. Viele Gazellen werden gefressen. Ihre einzige Chance gegen Großkatzen ist die blitzartige Flucht.

Um sich gegenseitig warnen zu können, ziehen Gazellen in Herden über die Steppe.

51a. Wüstenschiff trifft es genau – Kamele sind ideale Begleiter bei Reisen durch die Wüste. Tagelang schaukeln Kamele in mäßigem Trott vorwärts, sie tragen Reiter oder Lasten und sind sehr genügsam. Wochenlang können sie ohne Wasser leben. Noch eine praktische Sache: Im Sand sinken die großen Fußsohlen von Kamelen kaum ein.

52b. Hast du »Wasser« angekreuzt? Nicht ärgern, die meisten glauben, dass Kamele Feuchtigkeit im Höcker speichern. Stimmt aber nicht, es ist Fettgewebe. Kriegt das Kamel in schlechten Zeiten nichts zu fressen, verbraucht es diese Notreserven aus dem Höcker, bis der total verschwunden ist. Sobald das Tier wieder reichlich Futter bekommt, bildet sich der Höcker neu.

53b. Kamele mit zwei Höckern heißen Trampeltiere. Sie leben vor allem in Asien, zum Beispiel in der Wüste Gobi. Trampeltiere sind gedrungener und haben kürzere Beine als Dromedare (ein Höcker), die man in Afrika und arabischen Ländern hält. Kamel ist der Oberbegriff für Trampeltier und Dromedar.

54c. »Ärgere das Lama nicht, sonst rächt es sich!« Diese Warnung hast du sicher schon mal vor dem Lama-Gehege im Zoo gehört. Ja, das stimmt. Lamas spucken, wenn sie sich maßlos aufregen, meistens ärgern sie sich allerdings über Artgenossen. Pech, wenn man als Mensch in der Schusslinie steht . . .

55b. »Ich bin der Stärkste, der Größte, der Beste«, das drücken Menschenaffen auf ihre Art aus. Sie brechen Äste ab und rütteln an Bäumen. Gorillas trommeln mit ausladender Bewegung gegen die Brust.

56b. Affenweibchen gelten als besonders gute Mütter, die sich länger und liebevoller als die meisten anderen Tiere um ihre Kinder kümmern.

57c. In affenartiger Geschwindigkeit rollen Kapuzineräffchen, Brüll- und Klammeraffen ihren Schwanz um Äste, wenn sie beim Klettern Halt suchen.

58a. Das so genannte Lausen gehört zur täglichen Affen-Arbeit. Nötig zur Säuberung und auch eine freundschaftliche Beschäftigung miteinander. »Was sich mag, das laust sich«, könnte man sagen. Wer einen Chefaffen krault, will ihn besänftigen.

59b. Der Schimpanse (einer der Menschenaffen) ist uns in vielen Dingen verwandt. Im Gegensatz zu anderen Tieren können wir zum Beispiel mühelos im Schimpansen-Gesicht ablesen, in welcher Stimmung der Affe ist. Schimpansen haben einen ähnlichen Körperbau wie wir. Sieh dir nur ihre Hände an, die haben sogar Daumen. Und Schimpansen sind klug genug, um mit Werkzeugen umzugehen. Schimpansen-Familien und -Gruppen benehmen sich untereinander ähnlich wie Menschen.

60c. Turnschuhgorillas gibt es nicht, die anderen beiden Affen schon. Hutaffen heißen so wegen ihres hutartigen Haarschopfs auf dem Kopf. Der Mantelpavian bekam seinen Namen wegen seiner mächtigen silbergrauen Schultermähne.

61b. An der Nordseeküste wimmelt es von Möwen und Stelzvögeln – aber einen Orang-Utan bekommst du dort garantiert nicht zu Gesicht. Diese Menschenaffen lieben Wärme und Wälder, sie leben in den Regenwäldern der Tropen. Übersetzt bedeutet Orang-Utan »Waldmensch«.

62b. Beim Durchstreifen ihres Bezirks legen Gorillas jede Nacht ein neues Nest an. Als Unterlage tragen sie Pflanzen zusammen und biegen dünnes Gestrüpp zu Boden. Die Menschenaffen nutzen die Nacht zum Schlafen, erst bei Sonnenlicht gehen sie auf die Suche nach essbaren Pflanzen.

63c. In der flirrenden Hitze Afrikas scheint die Luft zu schwingen. In den weiten Entfernungen der Steppe verschwimmen die Streifen der Zebraherden zu einem ungewissen Bild aus Licht und Schatten. Die Tiere sind also für Löwen gar nicht gut zu erkennen.

64a. Wenn Zebras sich verständigen, stoßen sie Laute aus, die wie Bellen oder Röhren klingen.

65c. Afrikanische Nashörner tragen zwei Hörner. Die indischen Vertreter besitzen nur ein Horn auf der Nase.

66a. Ein männliches Nashorn wird bis zu 3,60 m lang. Ein ausgewachsenes Pferd ist rund einen Meter kürzer und wiegt auch nur ein Drittel von dem, was ein Nashorn auf die Waage bringt (nämlich etwa 1800 kg).

67c. Diese Antwort ist hässlich, aber unglücklicherweise wahr. Menschen sind die größten Feinde des Nashorns. Wilderer erschießen Nashörner in solchen Mengen, dass diese Tiere inzwischen zu den bedrohten Arten gehören. Die Jäger brechen die Hörner heraus und zermahlen sie zu Pulver. Warum? Es gibt zahlreiche Menschen, die glauben, dass Nashorn-Pulver ihnen magische Kräfte verleiht. Dafür zahlen sie jeden Preis – auf Kosten der Tiere.

68b. Rhinozeros ist ein anderer Name für das Nashorn. Ameisenbären sind Insektenfresser mit langer, röhrenförmiger Schnauze. Der Tapir sieht aus wie eine massige Mischung aus dickem Schwein und jungem Nashorn.

69c. Winzige Wirbel sitzen bei der Schlange dicht an dicht hintereinander, es können weit über 400 sein! Das macht die vielfältigen Bewegungen möglich: schlängeln, zur Seite winden und kriechen wie eine Ziehharmonika.

70b. Schlangen umschlingen, ersticken oder vergiften ihre Beute, dann würgen sie das ganze Tier – zum Beispiel Mäuse, Vögel, Kaninchen, andere Schlangen – in sich hinein. Schlangen besitzen ein Scharnier (Gelenk) im Kiefer, das sie einfach ausklinken können.

71c. Anakonda und Grüne Mamba sind Schlangen. Der Rote Sichler dagegen ist ein Stelzvogel mit langen Beinen.

72c. Ein atemberaubendes Schauspiel auf indischen Märkten, wenn Kobras nach der Flöte des Schlangenbeschwörers tanzen. Dabei sind die Schlangen total taub! Des Rätsels Lösung: Die Kobra des Schlangenbeschwörers beobachtet die schaukelnden Bewegungen des Flötenspielers und wertet sie mal als Angriff, mal als Rückzug. Bei Gefahr richten Kobras sich sofort auf und bewegen ihren Körper in Flucht- oder Drohhaltung.

73c. Einmal Giftschlange, immer Giftschlange. Eine Giftdrüse im Kiefer sorgt stets für Nachschub. Das Gift wird durch spezielle Zähne mit sehr feinen Öffnungen in die Bissstelle gespritzt.

74a. Weil Geckos Haftpolster an Fingern und Zehen tragen, können die kleinen Echsen sich überall festhalten: unter der Decke, an glatten Wänden, sogar an Fensterscheiben. Die winzigen Lamellen und Borsten in den Haftpolstern finden überall Halt.

75c. Die giftigste Spinne aus den Tropen, eine so genannte Kammspinne namens Phoneutria, wird an

Bord von Schiffen aus Süd- und Mittelamerika eingeschleppt. Die Spinne versteckt sich zwischen Bananen und wird von den Hafenarbeitern gefürchtet. Ihr Biss ist lebensgefährlich. Die braune Spinne ist äußerst aggressiv und groß – ihr Körper hat ohne Beine einen Durchmesser von 4 cm, etwa die Größe einer Lakritzschnecke.

76b. Vor der Schwarzen Witwe hat jeder in Amerika Angst, denn wenn die unscheinbare Giftspinne (ihr Körper ist nur so klein wie eine 1-Cent-Münze) einen Menschen beißt, kann er an ihrem Gift sterben.

77a. Spinnen sind nicht zimperlich, wenn es ums Fressen geht. Gelegentlich vertilgen sie nach der Paarung sogar das Männchen, wie es zum Beispiel die Schwarze Witwe macht. Die männliche Spinne wird mit einem Giftbiss gelähmt, durch Verdauungssaft verflüssigt und dann ausgesaugt.

78c. Strauße sind Laufvögel. Mit 50 Stundenkilometern und mehr flitzen sie über die Savanne in Afrika. Fliegen können Strauße nicht mehr, dazu sind sie zu schwer (über 100 kg), außerdem besitzen sie nur noch zurückgebildete Flügel.

79a. Strauße kämpfen mit ihren kraftvollen Beinen. Wer den Vogel bedroht, kriegt gefährliche Tritte ab, die für Angreifer tödlich enden können. Wenn Strauße durch heftiges Federwirbeln einen kleinen Sandsturm verursachen, sind sie auf Brautschau und wollen eine Straußenhenne beeindrucken.

80b. Zebra- und Antilopenherden nehmen gern Strauße in ihrer Mitte auf. Das hat einen praktischen Grund: Ein Strauß überblickt die offene Savanne Afrikas wahnsinnig weit, weil er fast 3 m hoch ist und ausgezeichnete Augen besitzt. Sobald der Strauß ein Raubtier erspäht, warnt er Zebras und Antilopen und flüchtet mit ihnen in rasantem Tempo.

81c. Straußeneier sind riesig, ein einziges Ei wiegt mindestens 1,5 kg – das bringen 20 mittelgroße Hühnereier auf die Waage. Oder 15 Tafeln Schokolade.

82c. Kängurus gehören zur Familie der Beuteltiere; sie leben in Australien.

83a. Känguru-Gehege müssen hoch eingezäunt sein, denn die Tiere sind ausgezeichnete Springer. Mit Leichtigkeit setzen sie über einen 3 m hohen Zaun.

84a. Bei der Geburt ist ein Känguru nackt, blind und winzig, es wiegt nicht mal ein Gramm! Trotzdem hat es schon so viel Energie, ganz allein durch das dichte Fell der Mutter zu klettern und in deren Tasche zu schlüpfen. Im Beutel verbirgt jede Känguru-Mama ihre Milchquelle. Das Baby beginnt sofort zu trinken und rührt sich in den nächsten Wochen nicht von der Stelle.

85a. Wenn Känguru-Männchen sich bekämpfen, sieht das aus wie ein Ringkampf, bei dem alles erlaubt ist. Die Tiere stehen auf den Hinterbeinen, boxen mit den Armen, umfassen sich wie Ringer, bearbeiten sich mit Fußtritten und versuchen den Gegner auf den Boden zu zwingen.

86a. Mit seinem kräftigen Schnabel reißt der Papagei Früchte ab, öffnet harte Schalen, zerkleinert Kerne, schält Rinde ab, baut Höhlen, ja er setzt den Schnabel sogar als Kletterhilfe zum Festhalten ein und als Waffe gegen angriffslustige Nebenbuhler.

87a. Brasilien ist Papageienland! Am mächtigen Amazonas-Strom fühlen sich viele Arten zu Hause, denn dort ist es das ganze Jahr über warm und feucht.

88b. Bei uns wirken die rot-gelb-grünen Aras aus Brasilien auffallend bunt. Aber die Natur hat es schon richtig eingerichtet, dass manche Vögel so herausgeputzt sind. Denn stell dir mal diese Papageien im knallgrünen Regenwald mit seinen gelben und roten Blüten und Früchten vor – in diesem Umfeld sind die farbenprächtigen Federn eine prima Tarnung.

89b. Flipper heißen die Brustflossen von Delfinen – daher stammt der Name des klugen Fernsehhelden.

90b. Ein tolles Gefühl, einen Delfin zu streicheln, denn seine nasse Haut fühlt sich wunderbar glatt an, ungefähr wie ein abgepelltes Riesenei.

91a. Schule ist der richtige Name für eine Gruppe von Delfinen, die im Meer zusammenlebt. In manchen Schulen schwimmen über 1000 Tiere! Sie helfen sich gegenseitig, z. B., wenn ein Delfin verletzt wurde.

92c. Es gibt immer wieder Berichte über Rettungen durch Delfine. Mal schubsen Delfine einen Ertrinkenden an Land, mal erlauben sie, dass sich ein Schiffbrüchiger von ihnen ziehen lässt oder auf ihrem Rücken reitet. Es scheint so, als behandeln Delfine uns genauso nett wie ihre Artgenossen. Und sie genießen es, wenn Menschen sie kraulen.

93c. Delfine springen aus Freude und Neugier, oft auch, um Fischschwärme in die Enge zu treiben, die ihnen als Nahrung dienen. Ihren Spaß am Spielen, an eleganten Sprüngen und den Heißhunger auf Fische nutzt man in Shows, um Kunststücke mit den schlauen Tieren zu zeigen.

94c. Einzigartig bei Delfinen ist das Gehör, mit dem sie gleichsam in weite Entfernung »sehen« können. Der Delfin sendet sehr hohe Töne aus, die Menschen nicht hören (Ultraschallwellen). Die Töne werden z. B. von einem Fischschwarm, einem Felsen u. Ä. als Echo zurückgeworfen. Nun berechnet das Gehirn des Delfins blitzschnell, in welcher Entfernung die Fische schwimmen, wie groß sie sind usw.

95c. Delfine atmen als Säugetiere mit der Lunge, darum können sie genau wie Menschen ertrinken. Zwar sind Delfine in der Lage, eine Zeit lang unter Wasser zu schwimmen, aber sie müssen regelmäßig auftauchen, um Luft zu holen. Jedes Jahr ertrinken riesige Mengen Delfine, wenn sie sich in der Tiefe des Meeres in den Netzen der Thunfischfänger verfangen, deren Kunststoffmaschen sie nicht orten können. In einigen Ländern werden mittlerweile spezielle Thunfischnetze ausgelegt, aus denen Delfine entkommen können.

96c. Der Blauwal ist das größte Säugetier der Erde! Ein Wal wiegt 150 t – so viel wie 20 riesige afrikanische Elefanten. Blauwale erreichen eine Länge von 33 m. Stell dir vor, du bildest mit deinen Freunden eine Kette aus Fahrrädern. Dann müsstet ihr mehr als 20 Fahrräder Reifen an Reifen aneinander reihen, um die Länge des Blauwals zu erreichen.

97b. Wale frieren nicht. Das liegt an der Speckschicht unter der Haut, die bis zu einem halben Meter dick wird! Fett hält die Kälte draußen.

98c. Obwohl Wale die Kolosse der Meere sind, fressen viele von ihnen nur Kleintiere, z. B. Schnecken oder Krill, das sind winzige Krebse. Die so genannten Bartenwale (Blauwal, Grauwal, Buckelwal, Grönlandwal) besitzen im Maul eine Art Gitter aus Horn, fachmännisch Barten genannt. Beim Schwimmen lassen die Wale Meerwasser ins offene Maul laufen, die kleinen Krebse bleiben in dem Riesenkamm hängen, das Salzwasser fließt seitlich wieder ab. Es gibt aber auch Wale mit richtigen Zähnen (Pottwal), die große Fische fressen.

99a. Tauchlehrer wäre der richtige Beruf für einen Pottwal. Denn dieser riesige Wal taucht leicht 1000 bis 2000 m tief! Er kann über eine Stunde lang auf dem Meeresgrund bleiben, ohne Luft zu holen. Das schafft der Pottwal folgendermaßen: Vor dem Tauchgang atmet er an der Wasseroberfläche zehn Minuten ganz tief ein und speichert Sauerstoff im Blut und in allen Muskeln seines gewaltigen Körpers. Dann schießt der Pottwal kopfüber senkrecht in die nachtschwarze Tiefe, um Riesentintenfische zu jagen.

100c. Aus folgendem Grund sind Wale für Walfänger leichte Beute: Nach dem Auftauchen braucht ein Pottwal etwa zehn Minuten Ruhe, um seinen Sauerstoff-Vorrat aufzufüllen. Leider wissen die Walfänger das. Sobald der erschöpfte Wal auftaucht, schießen sie riesige Harpunen und Sprengladungen auf ihn ab. Viele Walarten sind durch den Fang fast ausgerottet. Zum Schutz der Wale dürfen darum in vielen Ländern keine Wal-Produkte mehr verkauft werden, auch in Deutschland nicht. Leider werden trotzdem massenhaft Wale umgebracht, weil einige Länder (wie Japan und Norwegen) sich nicht an das Fangverbot halten.

101b. Beschützt von anderen Walen, wird das Baby unter Wasser geboren und sofort an die Wasseroberfläche geschubst, damit es atmen kann. Wal-Kinder nennt man Kälber. Sie haben bereits eine beträchtliche Größe – ein neugeborenes Blauwal-Kälbchen misst sieben Meter!

102b. Der Blas ist kein ausgespritztes Wasser, sondern schlicht und einfach verbrauchte Atemluft, die Wale aus dem Blasloch (eine umgewandelte Nase auf dem Kopf) hervorstoßen. Der Atem kondensiert an der Luft zu einer gewaltigen Dampfwolke. Durch das Blasloch atmen Wale übrigens auch frische Luft ein.

103c. Der Gesang der Buckelwale ist einmalig. In der Natur ist es zwar allgemein üblich, dass Tiere Lock-, Warn- und Werbungsrufe von sich geben. Aber Buckelwale singen auch einfach so. Sie brummen, knarren und schnalzen, pfeifen und zwitschern unter Wasser manchmal eine halbe Stunde ohne Unterlass. Ja, sie singen sogar ganze Strophen.

104b. Wale lieben Schmusen! Besonders in der Paarungszeit kann es den sanften Meeresriesen nicht liebevoll genug zugehen. Zwei Wale, die sich mögen, stehen dann Bauch an Bauch aufrecht im Wasser, reiben ihre Haut aneinander und streicheln sich mit den Flossen.

105c. Die kräftigen Brust- und Bauchflossen der Urfische verwandelten sich im Laufe der Zeit zu Beinen. Zu den ersten Landbewohnern zählen Lurche.

106c. Während Menschen und Säugetiere mit den Lungen Sauerstoff aus der Luft atmen, holen sich Fische ihren Sauerstoff aus dem Wasser, und zwar mit Kiemen. Das sind feine Blättchen, die meistens hinterm Kopf sitzen. So atmen Fische: Sie öffnen das Maul, Wasser strömt hinein und durch die Kiemen wieder heraus. Während das Wasser durch die zahlreichen Kiemenblätter läuft, wird Sauerstoff entnommen, der sofort ins Blut geht.

107b. Schnelle, schlanke Fische, die ohne Widerstand durchs Wasser schießen, haben einen stromlinienförmigen Körper.

108a. Alle Tiere brauchen ab und zu Erholung, auch Fische. Sie schlafen aber nicht fest wie Tiere an Land, sondern schweben bewegungslos im Wasser, und zwar mit offenen Augen.

109b. Wenn du ganz schnell auf einem schmalen Weg läufst, ruderst du mit den Armen, um das Gleichgewicht zu halten und um in der Spur zu bleiben. So ähnlich machen es auch Fische: Beim Schwimmen steuern sie mit den Flossen, mit denen sie sich übrigens auch fortbewegen.

110c. Mitten im Körper besitzt fast jeder Fisch eine große Schwimmblase, die mit Gas gefüllt ist. Er kann sie selber vergrößern oder verkleinern und so bestimmen, ob er höher oder tiefer schwimmen will.

111c. Es sieht schrecklich bedrohlich aus, wenn ein Hai sein Gebiss »herausklappt«. Damit hat er eine ungeheure Beißkraft. Haizähne stehen in mehreren Reihen hintereinander und wachsen das ganze Leben nach. Ist die vordere Reihe abgenutzt, schiebt sich die nächste Zahnreihe nach vorn.

112b. Der Hammerhai hat einen seltsam geformten Kopf, der gar nicht wie ein Fischkopf aussieht. An beiden Seiten ist der Kopf wie ein Hammer verbreitert, die Augen sitzen ganz außen.

113a. Haie sind zwar angriffslustige Raubfische, aber normalerweise tun sie Menschen nichts. Es sei denn, Haie orten Blut im Wasser, das zieht sie magisch an. Darum haben Schiffbrüchige oder verletzte Surfer solche Angst vor Gewässern mit Haien.

114b. Obwohl die südamerikanischen Piranhas klein sind (bis 30 cm), ist mit ihnen nicht zu spaßen.

Ihre spitzen, messerscharfen Zähne schnappen blitzschnell zu und beißen alles kurz und klein. Piranhas tauchen in Schwärmen auf.

115b. Zitterrochen können Stromstöße aussenden, die heftig genug sind, um damit Beutefische zu töten. Rochen haben einen großen, platten Körper mit flügelartigen Flossen. Sie leben in warmen Meeren.

116c. Seepferdchen sind Fische und logischerweise brauchen Flossenträger keine Hufeisen. Aber wie Fische sehen die 10 –14 cm kleinen Meeresbewohner wirklich nicht aus, eher wie die Pferdchen-Figuren auf einem Schachspiel. Seepferdchen schwimmen nicht wie andere Fische, sondern sie schweben aufrecht mit Hilfe ihrer hauchzarten Flossen durchs Wasser.

117b. In feuchtwarmen Ländern fühlen Krokodile sich am wohlsten. Darum leben sie vorwiegend in Afrika, Südamerika, Florida, Asien, Australien.

118a. Panzerechse ist ein anderer Name für Krokodil. Ihre Haut besteht aus einer Hornschicht, die alle Krokodile wie ein Panzer bedeckt, und zwar in Schuppen, damit sie sich gut bewegen können.

119a. Krokodile legen bis zu 100 Eier (größer als Hühnereier) und verstecken sie sorgfältig in Sandgruben oder Nestern aus Laub. Sie bewachen das Gelege, bis die Krokodilbabys schlüpfen, und betreuen sie dann noch eine Weile.

120c. Eine tolle Vorrichtung: Krokodile verschließen einfach ihre Nasenöffnungen, wenn sie unter Wasser schwimmen.

121b. Schnauze nennt man das Maul von Krokodilen, das je nach Art extrem schmal oder breit aussieht.

122c. Das Nilkrokodil trägt seinen Namen nach dem Fluss in Afrika. Rhein und Wolga sind viel zu kalt für die Wärme liebende Panzerechse.

123b. Ein Alligator unterscheidet sich im Grunde nur durch sein Gebiss vom Krokodil: Alligator-Zähne greifen anders ineinander. Bei geschlossener Schnauze sind die unteren Zähne unsichtbar.

124c. Krokodile schnappen blitzartig nach einem Tier, das am Wasser steht und seinen Durst löscht. Mit gewaltiger Kraft drückt die starke Panzerechse das Tier unter Wasser, wo es ertrinkt. Dann zerreißt das Krokodil die Beute, indem es durch rasches Drehen um seinen eigenen Körper Stücke heraustrennt.

125c. Wenn man das Skelett (Knochengerüst) von Hunden und Seehunden vergleicht, entdeckt man verblüffende Ähnlichkeiten. Was beim Seehund die kurzen Vorderflossen sind, sind beim Hund die Vorderbeine. Wo wir beim Seehund hinten zwei so genannte Ruder mit Schwimmhäuten zwischen den Zehen sehen, da hat der Hund die Hinterbeine.

126b. Verlassene Seehundkinder nennt man Heuler, da ihr hilfloses Klagen sich anhört wie das Weinen kleiner Kinder. Wenn Seehundmütter ständig auf der Sandbank gestört werden, verlassen sie ihre Jungen. Das passiert auch, wenn Zwillinge geboren werden, denn im Wasser kann Mutter Seehund nur einem ihrer Kinder folgen. Das andere Junge geht verloren. Viele Heuler werden von Tierfreunden in Seehund-Aufzuchtstationen großgezogen.

127a. Wenn Ebbe herrscht und lange Sandbänke aus dem Meer auftauchen, liegen dort im Sommer dutzende Seehunde einträchtig beieinander und sonnen sich.

128c. Seelachs ist ein Fisch, Seebären und Seeelefanten sind stattliche Meeresbewohner, die zur großen Robbenfamilie gehören.

129b. Seelöwen gehören zu den besonders gelehrigen und gelenkigen Robben, du hast sie bestimmt schon im Zoo oder Zirkus gesehen.

130b. Eisbären leben im nördlichen Eismeer, im ewigen Schnee und Eis von Grönland, Kanada, Alaska und Russland.

131a. Eisbären wirken nicht so rund und knuddelig wie ihre braunen Verwandten auf dem Festland. Ihr Hals ist lang und schlank, der Kopf schmal. Wie die anderen Großbären haben die Bewohner des Eismeeres nur einen kurzen Stummelschwanz.

132c. Eisbären kriegen keine kalten Füße. Die Natur hat sie bestens für das Leben im Packeis ausgerüstet. Unter der Fußsohle besitzen die Bären einen dicken Haarpelz.

133b. Der Pelz des Eisbären ist eine tolle Sache: Beim Schwimmen nimmt er kaum Wasser auf, die Tropfen perlen am Haarkleid ab. Außerdem wirkt das Fell wie eine super Isolierung, unter der noch eine dicke Speckschicht als Kälteschutz liegt. So »angezogen« ertragen Eisbären Kälte bis minus 70 Grad!

134b. Natürlich haben Eisbären keine Flossen, schließlich sind Bären keine Fische. Die mächtigen Pranken sind auf das ständige Schwimmen im Wasser eingerichtet, darum tragen Eisbären zwischen den Zehen Schwimmhäute.

135a. Irgendwann wird es auch dem Eisbär zu viel: Wenn eisige Winde über das Polargebiet toben, gräbt er sich Gänge in Schnee und Eis und kratzt am Ende eine Schlafhöhle zurecht. Eisbärenmänner kuscheln nie zu mehreren, sie sind unverträgliche Einzelgänger, die Rivalen bekämpfen. Nur Bärinnen mit ihren Jungen stehen beieinander, aber im Winter verschwinden auch sie in Schneehöhlen.

136c. Die weltweite Erwärmung ist schuld daran, dass Eisbären bald aussterben. Den Bären wird es nicht etwa zu heiß, nein, sie gelangen nicht mehr an ihr Futter (Robben, Fische). Ihre Jagdgründe liegen im Wasser und Eisbären erreichen ihre Beute nur, indem sie über gewaltige Flächen mit Eisschollen wandern. Schmilzt das Eis im Sommer, bleiben die Bären notgedrungen auf dem Festland und hungern. Durch die Erderwärmung (Treibhauseffekt) schwimmt immer weniger Packeis auf dem Meer. Das bedeutet: Die Eisbären gelangen immer seltener ans Wasser und an ihre fette Beute. Schon jetzt bekommen viele Bärenkinder zu wenig zu fressen, magern ab und überleben den eisigen Winter nicht.

137a. Pinguine findet man nur auf der südlichen Erdhalbkugel – am Südpol, in Neuseeland, Südaustralien, Südamerika.

138c. Pinguine können nicht fliegen, obwohl sie Vögel sind. Dafür schwimmen und tauchen sie perfekt, denn ihr Körper hat sich hervorragend für das Leben im Wasser umgebildet.

139b. Damit Pinguine ständig im Wasser leben können, haben sich ihre Federn zu winzigen, wasserdichten Gebilden umgeformt, die sich wie Schuppen überlappen. Aus den Flügeln wurden Ruderflossen zum Schwimmen und Tauchen.

140a. Kaiserpinguine sind mit 1,22 m die größten! Sie leben am Südpol.

141b. Pinguine mögen nicht allein sein. Sie lieben die Gesellschaft ihrer Artgenossen und leben in dicht bevölkerten Pinguin-Kolonien.

142b. Kaiserpinguine am Südpol sind ungewöhnliche Väter, denn sie übernehmen die Brutpflege. Dazu bugsieren sie das einzige Ei, das ihr Weibchen legt, in eine Hautfalte direkt über den Füßen, wo es warm und geschützt liegt.

143a. Spezielle Federn ermöglichen der Eule einen lautlosen Flug. Die Spitzen enden in kleinen, schallschluckenden Fransen.

144c. Tagsüber schläft die Eule. Erst wenn es dämmert, wacht sie auf und wird zum »Jäger der Nacht«. Selbst bei wenig Licht sehen Eulen prima, aber noch besser ist ihr Gehör. Mit besonderen Federn im Gesicht fangen die Nachtvögel Geräusche ein, leiten sie zu den Ohren und können genau abschätzen, wo sich ein Beutetier bewegt.

145b. Schneeeulen heißen die leuchtend weißen Eulen, die in Norddeutschland ab und zu gesichtet werden. Wenn du eine siehst, hast du großes Glück, denn es gibt nur noch wenige Schneeeulen. Die meisten leben dort, wo sie mit ihrem weißen Gefieder nicht auffallen: in der Arktis, in Alaska, auf Grönland.

146c. Gewölle heißen die Klumpen aus Haaren, Federn und Knochen, die Eulen regelmäßig herauswürgen. Da Eulen ihre Beute (meistens Mäuse und Vögel) ganz verschlingen, sammeln sich unverdauliche Reste im Magen und müssen vor der nächsten Mahlzeit nach draußen befördert werden.

147b. Uhus sind in Deutschland fast ausgerottet. Die ungewöhnlich großen Eulen (75 cm) haben eine enorme Spannweite – Uhus breiten ihre Flügel bis 1,70 m weit aus! In Brandenburg, genauer gesagt in der Uckermark, gibt es einige neue Uhu-Brutreviere. Die Umweltstiftung WWF hat dafür gesorgt, dass die bedrohten Uhus dort ausgewildert wurden. Auswildern heißt: Man züchtet junge Uhus in geschützter Umgebung und bringt die Vögel erst dann in die freie Natur, wenn sie sich selbst versorgen können.

148a. Einem Adler möchte man nicht in die Krallen geraten, denn die sind mächtig stark, so kräftig, dass der Vogel damit im Flug glatte Fische packen kann.

149b. Der Adler wohnt im Adlerhorst. Das ist ein Nest aus Zweigen, das er auf hohen Bäumen oder Felsen baut.

150a. »Du hast ja Augen wie ein Adler!« Das sagt man, wenn jemand ungewöhnlich scharf sehen kann – eben wie ein Adler. Der erspäht nämlich sogar aus großer Höhe eine winzige Maus und schafft es, blitzartig herabzustoßen und sie zu greifen.

151c. Die Beine von Adlern sehen puschelig und dick aus, als steckten sie in flauschigen Socken. Dieser Eindruck entsteht durch zahlreiche kleine Federn an den Beinen. Der Fachmann nennt sie befiederte Fänge.

152b. Seit 1950 ist der Adler Bundeswappen-Vogel in Deutschland. Der Vogel ist nicht nur bei uns beliebt – schon seit Jahrtausenden ist der starke Adler bei vielen Völkern Sinnbild der höchsten Macht oder Gottheit.

153b. Mit seinen langen Storchenbeinen kann der große Vogel bequem durch Sümpfe und feuchte Wiesen stolzieren, wo er nach Fröschen, Fischen und Regenwürmern sucht. Weil es immer weniger Feuchtgebiete gibt, muss der Storch aus Futternot schon mal auf Felder ausweichen und Insekten aufstöbern.

154a. Kehrt ein Storch nach einem Rundflug ins heimische Nest zurück, kann er mit einem herzlichen Empfang rechnen. Beide Partner begrüßen sich begeistert, klappern laut mit den Schnäbeln und lüften die Flügel.

155a. Störche aus Deutschland und den Nachbarländern fliehen vor dem Winter nach Afrika. Erst im Frühjahr kehren sie zurück.

156b. Störche sind unglaublich gute Pfadfinder. Nach dem langen Flug von Afrika steuern sie im Frühjahr haargenau das Dorf an, aus dem sie im Herbst auf die Reise gegangen sind. Störche finden nicht nur den Ort wieder, sondern auch ihr altes Nest, das sie sofort beziehen.

157a. Schwäne gehören zu den wenigen Tieren, die ihren Partner nicht verlassen – ihre Treue gilt fürs ganze Leben. So etwas nennt man doch große Liebe, oder?

158a. Frisch aus dem Ei geschlüpfte Schwanenkinder tragen graue Federn. Damit sieht Schwan junior natürlich nicht so prachtvoll aus wie seine weißen Eltern. Im Märchen vom »häßlichen Entlein« geht es um eine Entenmutter, die aus Versehen ein Schwanenei ausbrütet und sich wundert, was für ein graues Kind aus der Schale kriecht. Entenküken haben nämlich schöne schwarz-braune Flaumfedern mit gelber Zeichnung. Das graue Schwanen-Küken wird von allen verhöhnt. Erst als ihm nach dem Winter schneeweiße Federn wachsen, erkennen die anderen, dass sie einen Schwan verspottet haben, den König der Wasservögel.

159b. Murmeltiere sind schlau – sie warnen sich gegenseitig vor Feinden wie Adler oder Fuchs. Offenbar haben Murmeltiere sogar eine ganze Abstufung von Tönen, an denen ihre Artgenossen erkennen: Feind von oben (Vogel) oder Feind von unten (Fuchs). Was sich wie Pfeifen anhört, sind helle Schreie.

160a. Murmeltiere müssen Winterschlaf halten, weil sie im schneebedeckten Gebirge kein Futter finden. Selbst mit dem dicksten Pelz würden Murmeltiere im Freien erfrieren. Darum buddeln die Tiere lange Gänge in den Boden und stopfen sie von innen mit Erde und Zweigen zu, manchmal ist diese »Tür« viele Meter dick. Dann kuschelt sich die Murmeltierfamilie dicht aneinander und schaltet sich selbst auf Sparflamme. Bei jedem Einzelnen sinkt die Körpertemperatur tief hinab, das Murmeltierherz schlägt nur noch wenige Male pro Minute.

161a. »Reineke Fuchs«, wie er in alten Märchen heißt, erreicht sein Ziel mit Intelligenz. Füchse wohnen heute nicht nur in freier Natur, sondern auch in Städten, wo sie nachts Mülleimer nach Abfällen durchwühlen. Erbeuten Füchse mehr Futter, als sie fressen können, vergraben die schlauen Tiere es und buddeln das Fleisch später wieder aus der Erde hervor.

162c. Frau Fuchs heißt fachmännisch Fähe, Herr Fuchs ist ein Rüde.

163b. Jäger nennen den Fuchsschwanz auch Rute.

164c. Füchse verbreiten Tollwut, eine lebensgefährliche Krankheit. Tollwut wird auf Hunde, Katzen, Kühe, Pferde und andere Tiere übertragen, die von Füchsen gebissen werden – auch auf Menschen. In Deutschland und anderen Ländern Westeuropas gibt's zum Glück nicht mehr viele tollwütige Füchse.

165b. Eine Gruppe von Wölfen heißt Rudel. Herden findet man bei Pferden, als Schule bezeichnet man eine Gruppe von Delfinen oder Walen.

166a. Wolfswelpen sind total verspielt. Bei jeder Gelegenheit kriechen sie aus dem Bau hervor und tollen mit ihren Geschwistern herum.

167c. Alle Haustier-Hunderassen stammen vom Wolf ab. Zwar sieht der Wolf dem Schäferhund mit seiner langen Schnauze am ähnlichsten, doch der Urwolf steckt auch in unseren flachnasigen Hunden. Möpse, Boxer, Pekinesen und wie sie alle heißen wurden durch Kreuzung nach dem Geschmack der Menschen »in Form gezüchtet«.

168b. Leitwolf nennt man den ranghöchsten Wolf, der das Rudel anführt. Im Grunde gibt es stets zwei Chefs: Einer führt die männlichen Wölfe an und einer die weiblichen.

169c. Ein Heuchler, der lammfromm tut, in Wahrheit aber auf Betrügereien aus ist, ist ein Wolf im Schafspelz.

170b. Das Heulen der Wölfe hört sich so schauerlich an, weil es für uns wie ein Angriffssignal klingt. Dabei soll das Heulen nur fremden Wölfen klar machen, dass dieses Revier besetzt ist. Außerdem stimmen Wölfe ihren lauten Gesang an, um den Zusammenhalt ihres Rudels zu festigen. Wenn du mit der ganzen Klasse ein Lied singst, hast du auch das gute Gefühl, dass ihr zusammengehört.

171c. Obwohl ein Hase 80 Stundenkilometer schnell rennen kann, drückt er sich trotzdem bei Gefahr zuerst auf den Boden. Regungslos duckt der Feldhase sich, denn er weiß aus Erfahrung, dass sein perfekt getarntes Haarkleid leicht übersehen wird. Erst wenn die Gefahr nahe ist, galoppieren Hasen los.

172c. Wenn Hasen auf der Flucht sind, schlagen sie raffiniert Haken. Das heißt, sie wechseln schnell die Richtung.

173a. Blume ist die fachmännische Bezeichnung für den Hasenschwanz.

174c. Löffel ist der richtige Name für Hasenohren.

175a. Es stimmt tatsächlich und es gibt sogar Fotos von Hasenküssen: Vor der Hochzeit bringen Häsin und Rammler (der Mann) sich in verliebte Stimmung. Dazu gehört auch zärtlicher Kontakt von Mund zu Mund – ein richtiger Kuss. Die Tage vorher sind allerdings weniger liebevoll. Solange eine Häsin keine Lust auf Hochzeit hat, verprügelt sie jeden zudringlichen Hasen mit den Pfoten.

176a. Die Flügel von Fledermäusen entstanden aus stark verlängerten Armen, Händen und Fingern. Die Flughaut, die sich zwischen den feinen Knöchelchen bildete, reicht meistens bis zum Schwanz. Eine fliegende Fledermaus wirkt, als hätte sie zwei Regenschirme aufgespannt.

177b. Fledermäuse gehören zu den Säugetieren und bekommen lebende Junge.

178a. Beim Fliegen stoßen Fledermäuse ständig Laute aus, die wie ein Echo von allen Gegenständen zurückkommen. Mit den großen Ohren wird das Echo aufgefangen. Nun können die Fledertiere genau die Richtung eines Objekts berechnen, auch Größe, Entfernung und Bewegung. Nur mit Hilfe dieser Echopeilung sind Fledermäuse in der Lage, bei völliger Dunkelheit zu fliegen und Beute zu machen.

179c. Fledermäuse suchen Unterschlupf in Kellern, Höhlen, hohlen Bäumen, Kirchtürmen oder auf Dachböden. Zum Schlafen hängen sie sich kopfabwärts mit den Füßen an Dachbalken, Felsvorsprüngen oder Zweigen auf. Der Naturschutzbund NABU legt viele artgerechte Fledermaus-Schlafhöhlen an.

180b. Keine Angst vor Vampiren, die dich im Dunkel der Nacht anfallen, um dein Blut zu saugen! Solche Fledermäuse gibt es in Deutschland gar nicht! Auch nicht im restlichen Europa. Aber einige echte Vampire existieren tatsächlich, allerdings nur im tropisch feuchtwarmen Amerika. Diese Fledermäuse leben ausschließlich von Blut. Mit ihren scharfen Zähnen beißen sie ein winziges Stückchen Haut ab, z. B. bei schlafenden Rindern, Pferden oder Schweinen, und lecken das herausfließende Blut auf.

181a. »Flink wie ein Wiesel« sagt man, wenn jemand besonders fix und wendig ist. Wiesel rennen rasant, können unglaublich spurten, klettern meisterhaft, schwimmen sehr gut und jagen sogar unter einer Schneedecke.

182b. Hermeline sind große Wiesel mit bräunlichem Sommerfell und schwarzem Schwanzende. Im Winter färbt sich das Haarkleid zur Tarnung schneeweiß, nur die Schwanzhaare bleiben schwarz. Weil das prächtige Fell so edel aussieht, trugen Könige früher Hermelin-Pelzmäntel.

183a. Der Dachs besitzt ein unverwechselbares Kennzeichen – das schwarz-weiß gestreifte Gesicht. Sein Körperfell ist nicht gepunktet, sondern silbergrau und schwarz.

184b. Der Dachsbau, Dachsburg genannt, bleibt jahrzehntelang bestehen und wird auch noch von Dachskindern, Enkeln und Urenkeln bewohnt. Dachse sind hervorragende Baumeister! Ihre unterirdische Wohnung ist meisterhaft angelegt, mit einem Irrgarten von Gängen, vielen Schlafplätzen und Ausgängen.

185a. Wenn im Winter frische Triebe fehlen, fällen Biber ganze Bäume, um sich daran satt zu fressen. Ein einziger Nager braucht täglich viele Kilo Rinde und Zweige! Pappeln und Weiden gehören zum Lieblingsbiberfutter.

186c. Aus Zweigen und Schlamm errichten Biber Staudämme, um ihren Heimatfluss oder -see aufzustauen. Diese Arbeit nehmen sie auf sich, weil der Eingang zum Biberbau immer unter Wasser liegen soll – denn der nasse Zugang schützt sie vor Feinden. Biber haben es schwer, denn es gibt kaum noch natürliche Flüsse. Der Naturschutzbund NABU und der Bund für Umwelt und Naturschutz (BUND) versuchen naturnahe Flussgebiete für den Biber zu erhalten.

187b. Biber sehen wirklich ungewöhnlich aus – zum dicht behaarten Pelz gesellt sich ein merkwürdiger Schwanz. Er sieht aus wie eine Kelle (so wird er auch genannt) und ist dicht mit flachen Schuppen bedeckt. Der 30 cm lange Biberschwanz dient zum Steuern beim Schwimmen.

188c. Frischling heißt das kleine Wildschwein. Die Mutter nennt man Bache, den Vater Keiler.

189b. Wildschweine besitzen lange, feste Borsten, damit sind sie beim Streifen durch Dornen und Dickicht bestens vor Verletzungen geschützt.

190c. Rehe laufen auf zierlichen Hufen. Die Hufränder sind ausgesprochen scharfkantig. Rehe setzen sich damit heftig zur Wehr, wenn sie von Füchsen oder Hunden angegriffen werden.

191a. Wenn Rehe sich erschrecken, geben sie schnelle, bellende Laute von sich, fast wie Hunde.

192b. Rehkitze beschnuppern ausdauernd das Maul ihrer Mutter, nachdem diese gefressen hat. Auf diese Art will der Nachwuchs herausfinden, welche Pflanzen die Ricke (Jägersprache für das weibliche Reh) sich ausgesucht hat. Entsprechend wählen die Kitze dann ihr eigenes Futter aus. Rehe sind übrigens Vegetarier, das heißt, sie fressen nur Pflanzen wie Blätter, Gras, Knospen, Früchte.

193b. Während der Brunftzeit im Herbst machen Hirsche durch lautstarkes Röhren auf sich aufmerksam. Damit teilen sie den anderen männlichen Hirschen mit, dass sie alle Hirschkühe für sich beanspruchen.

194a. Der Platzhirsch ist der Herrscher über ein bestimmtes Revier. Wer es ihm streitig machen will, muss ihn vorher im Zweikampf besiegen.

195a. Wenn Hirsche um die Herrschaft im Wald kämpfen, dann gehen sie mit gesenkten Köpfen aufeinander los und lassen die Geweihe zusammenkrachen. Der Gewinner wird Platzhirsch, der Verlierer sucht das Weite.

196a. Elche (eine Hirschart) leben in verschiedenen wasserreichen Gegenden, in denen es nicht zu warm sein darf, z. B. in Kanada, Alaska, Sibirien, massenhaft auch in Schweden. Elche bevorzugen die Nähe von Seen, Flussmündungen und Überschwemmungsgebieten, weil sie Wasserpflanzen mögen. Auch in Wäldern und Lichtungen mit niedrigen Sträuchern sind Elche zu Hause.

197b. Das Geweih des Elchs heißt Schaufel, weil es so breit und groß wie eine Schaufel aussieht.

198c. Das Rentier wurde in vielen Ländern zum Haustier, denn es verliert ziemlich rasch die Scheu vor Menschen. Vor allem in Lappland, Russland und Kanada halten die Menschen halbwilde Rentierherden. Rentierhufe sind breit und sinken im

Schnee nicht so leicht ein wie die Hufe anderer Hirsche.

199c. Weil Rentiere so schnell und schön sind und weil sie Schnee lieben, dürfen sie in Amerika den Schlitten des Weihnachtsmannes ziehen. Sogar ein Weihnachtslied wurde den zierlichen Hirschen mit dem mächtigen Geweih gewidmet: »Rudolph, the red-nosed reindeer.« Das heißt »Rudolph, das Rentier mit der roten Nase«.

200a. Eichhörnchen sind Baumbewohner, und was für welche! Mit affenartiger Geschwindigkeit jagen sie über Äste und Stämme; springen können sie auch.

201b. Eichhörnchen bauen hoch oben im Baumwipfel Kugelnester (Kobel), so groß wie ein Fußball. In den kunstvollen Bauten aus Zweigen finden Eichhörnchen Zuflucht vor Regen und Sturm. Der Kobel ist innen mit Moos gepolstert.

202a. Beim Springen von Baum zu Baum überwinden Eichhörnchen mühelos mehrere Meter. Beim Steuern hilft ihnen der lange Schwanz.

203c. Schon mal von der »Aktion Eichhörnchen« gehört? Damit meint man, dass jemand rechtzeitig Vorräte anlegt – genau wie Eichhörnchen es machen. Unermüdlich sammeln die flinken Tiere im Herbst Nüsse, Bucheckern, Eicheln, vergraben alles in der Erde oder verstecken den Vorrat in Baumhöhlen. Wenn im Winter nichts wächst, buddeln Eichhörnchen ihre Schätze wieder aus.

204b. Maulwürfe bauen unter der Erde ein ganzes System von Gängen, denn sie leben im Untergrund.

In den Gängen suchen sie nach Regenwürmern. Beim Graben schieben sie Erde vor sich her und befördern sie als Maulwurfshaufen an die Oberfläche.

205b. Ein Maulwurf besitzt äußerst kräftige Vorderfüße, die er wie Schaufeln benutzt. Damit stößt er die gelockerte Erde nach außen. Der Name Maulwurf kommt aus dem Mittelhochdeutschen und bedeutet »Erdewerfer«.

206c. Maulwürfe sind fast blind. Aber sie hören gut und riechen ihr Futter von weitem.

207c. Bei Gefahr spannen Igel ihre Muskeln stark an, bis Pfoten und Kopf eng aneinander gezogen werden. Dadurch bildet der Körper eine Kugel, von der die harten Stacheln abstehen wie kleine Dolche. Da wagt sich kein Tier heran! Nur Uhus und Füchse schaffen es, Igel trotz des Stachelpanzers zu fressen.

208a. Bei der Geburt tragen Igelbabys nur winzige, weiche Stacheln. Nach zwei bis drei Tagen fällt diese erste Rüstung aus und wird durch härtere Stacheln ersetzt.

209b. Steinmarder werden auch Hausmarder genannt, weil sie sich auf Dachböden einnisten. Geschickt erklimmen sie über Regenrohre das Dach, wo sie sich durch kleinste Spalten in den Bodenraum zwängen. Marder hat niemand gern im Haus, weil sie nachts hin und her flitzen und viel Lärm machen.

210b. Mehr als vier Meter pro Stunde schafft eine Schnecke nicht. Das liegt daran, dass sie nicht mehrere Füße wie andere Tiere besitzt, sondern nur einen einzigen großen Fuß unter dem Gehäuse. Schnecken ziehen diesen Fußmuskel zusammen und lockern ihn wieder. Das ist eine mühselige Art, sich zu bewegen.

211a. Wenn du ein Schneckenhaus von innen sehen könntest, kämst du nie auf die Idee, es abzureißen. Denn im Gehäuse sitzt fast der ganze Körper mit Herz, Lunge, Magen usw. Von außen sieht man bei der Schnecke nur den großen Fuß, die Fühler mit Augen und den Mund. Natürlich bringt es Unglück, wenn du ein Schneckenhaus abhebst – nämlich für die Schnecke, weil sie dann sterben muss.

212c. Frösche brauchen ständig Feuchtigkeit, darum buddeln sie sich im Winter in den Grundschlamm von Tümpeln, Teichen und Gräben ein.

213b. Kaulquappen sind durchscheinende Larven; sie schlüpfen im Wasser aus Froscheiern, sehen kugelig aus und haben einen flachen Schwanz. Aus Kaulquappen entwickeln sich nach einigen Monaten richtige Frösche.

214a. Richtig ist: Kohlmeise, Blaumeise und Haubenmeise.

215c. Bestimmt erkennst du einen Specht an seinem rhythmischen Trommeln gegen Baumstämme. Spechte hacken Rinde auf und holen mit ihrer langen, klebrigen Zunge Insekten und Larven hervor.

216a. Libellen sind wunderschöne Gartenbewohner mit zarten, durchsichtigen Flügeln, die manchmal blau, grün oder golden schillern. Am liebsten fliegen sie in der Nähe von Teichen, denn Libellen legen ihre Eier auf Wasserpflanzen ab.

217b. Der gelbe Zitronenfalter gehört im frühen Frühling zu den ersten erfreulichen Anblicken im Garten.

218a. Das Tagpfauenauge sieht prächtig aus. Seine schillernden Muster (Augen) auf den Flügeln erinnern an Pfauenfedern.

219b. Bei den Bienen legt nur die Königin Eier.

220c. Bis zu 80.000 Honigbienen – die Arbeiterinnen – schwirren von einem einzigen Bienenstock aus, um Pollen aus Blüten einzusammeln.

221a. Bienen stechen nur einmal, dann sterben sie. Beim Versuch, ihren Stachel (mit Widerhaken) aus der Haut zu ziehen, reißt die Honigbiene ihn heraus. Wespenstachel dagegen sind glatt und spitz und können mühelos aus dem Opfer gezogen werden. Darum stechen Wespen immer wieder.

222b. Der Mann der Kuh heißt Bulle. Rind ist der Oberbegriff für die gesamte Familie, die aus Kühen, Bullen und Kälbchen besteht.

223c. Wenn du Kühe auf der Weide beobachtest, siehst du, wie nett sie miteinander umgehen. Besonders gern lecken sie sich über Maul und Nase, solche Zärtlichkeiten genießen Kühe sichtlich.

224c. Auf Weiden in ganz Deutschland sieht man »Schwarzbunte«, das sind schwarz-weiß gescheckte Kühe.

225c. Bei der Kuh geht nichts von allein – wer Milch haben will, muss sich schon ein wenig anstrengen. Kühe werden gemolken. Das erledigt man heute meistens mit speziellen Melkmaschinen, die ans Euter der Kuh angelegt werden. In kleinen Ställen werden Kühe noch mit der Hand gemolken. Die Milch wird in die Molkerei gebracht und dort in Packungen für den Supermarkt abgefüllt.

226a. Schweine gehören zu den intelligentesten Tieren. Das haben Wissenschaftler herausgefunden. Außerdem empfinden Schweine vieles so wie Menschen, besonders Stress. Ihr Körper arbeitet ähnlich wie unserer. Viele Menschen mit kranken Herzen leben nur deshalb noch, weil ihnen Herzklappen von Schweinen eingesetzt worden sind.

227a. Die Rüsselscheibe ist das »Lieblingswerkzeug« von Schweinen. Wenn sie die Wahl hätten, würden Schweine tagein, tagaus mit der Schnauze im Boden wühlen und nach Wurzeln, Würmern und Käfern suchen.

228b. Licht, Bewegung und sauberes Stroh zum Hinlegen – das stände auf dem Wunschzettel von Schweinen. Leider haben es nur sehr wenige Schweine gut. Die meisten werden in riesigen dunklen Ställen auf engstem Raum gehalten. Dicht an dicht müssen die Tiere ihr Leben in engen Gitterverschlägen auf harten Betonböden verbringen. Je mehr Schweine der Besitzer in einen einzigen Stall zwängt, desto mehr Geld verdient er – auf Kosten der Tiere. Gegen diese schlechte Haltung kämpft vor allem der Bund gegen Missbrauch der Tiere.

229c. Schweine sind sehr saubere Tiere. Um dreckige Ställe würden die Borstentiere einen großen Bogen machen, wenn sie könnten. Schweine, die genug Platz haben, verschmutzen niemals ihre Liegefläche. Der Name Schmutzferkel hat eine andere Ursache: Im Freien suhlen Schweine sich gern in Pfützen, und zwar aus gutem Grund – die Schlammkruste schützt sie vor Insekten.

230c. Bei guter Laune und Entspannung grunzen Schweine. Bei plötzlichem Erschrecken quieken sie auf. Bei großer Angst steigert sich das Quieken zum markerschütternden Kreischen.

231b. Ein junges Schaf heißt Lamm.

232c. Wenn Schafe geschoren werden, sehen sie wirklich sehr nackt aus. Damit die Tiere nicht frieren, erfolgt die Schur im Frühsommer. Das Fell wächst nach.

233a. Den Scherznamen »lebendige Rasenmäher« hat man Schafen verpasst, weil sie Gras ratzekahl abfressen. Warst du in den Ferien schon mal an der Nordsee? Dann hast du sicher auf den Deichen Schafherden gesehen. Unermüdlich knabbern diese Schafe alle Halme ab; gleichzeitig trampeln sie die Erde fest. Je fester der Deich, umso besser schützt er vor Hochwasser.

234a. Nein, man darf kein Pferd einzeln halten. Gleichgültig, ob man ein großes Reitpferd besitzt oder ein kleines Shetty. Pferde verstehen die Sprache anderer Tiere nicht richtig, sie verkümmern oder werden aggressiv. Nur in der Herde fühlen sie sich sicher und geborgen.

235c. Wenn ein Pferd dich mit gespitzten, nach vorn gerichteten Ohren empfängt, hat es Spitzenlaune. Der Vierbeiner ist neugierig und will dich begrüßen.

236c. Vögel, Mücken, Regenwürmer als Futter? Nein danke, würden Pferde schnauben. Schließlich sind sie reine Pflanzenfresser. Gras, Heu, Stroh und Hafer mögen sie liebend gern.

237a. Andalusier und Friesen sind Pferde, Italiener sind Hühner.

238c. Ziegenmilch schmeckt köstlich, man stellt Ziegenkäse daraus her.

239a. Heidis Ziegen heißen Schwänli und Bärli. Zusammen mit Heidi und dem Alm-Öhi wohnen sie in einer Bergbauernhütte in den Schweizer Alpen.

240c. Gänseküken marschieren eines hinter dem anderen, weil die erwachsenen Gänseeltern sie so besser im Auge haben und vor Feinden beschützen können.

241b. Hühner kennen eine strenge Hackordnung – so nennt man die Rangordnung in einem Hühnerstall. Wer oben in der Hackordnung steht, darf das beste Futter zuerst aufpicken. Wagt sich ein anderes Huhn vor, hacken die anderen nach ihm.

242a. Dein Hund hält dich für einen Artgenossen aus seinem Rudel.

243c. Du musst immer der Boss für deinen Hund sein. Hunde sind Rudeltiere mit genauer Rangordnung. In jedem Wildhunde-Rudel gibt es einen Chef (Leithund genannt), den die anderen achten. Hunde fühlen sich in der Familie nur geborgen, wenn ein Mensch klar die Führung übernimmt. Tut er das nicht, dann schwingt sich der Hund selber zum Chef auf – und das ist nicht komisch.

244c. Am liebsten schlafen Hunde im Schlafzimmer in der Nähe von Herrchen und Frauchen. Im wilden Wolfsrudel kuscheln sich nachts auch alle aneinander. Was soll ein Hund davon halten, wenn sein »Leithund« (also der Besitzer) ihn nachts vor die Türe schickt? Er fühlt sich bestraft und weiß nicht, wofür. Man kann die meisten Hunde aber daran gewöhnen, auf dem Flur in der Nähe des Schlafzimmers zu schlummern. Ideal: Man hält zwei oder mehr Hunde, die ein Minirudel bilden und sich auch ohne den Menschenchef wohl fühlen.

245c. Hundekinder heißen Welpen.

246b. Postboten werden gebissen, weil sie in das Revier (Garten, Haus) des Hundes eindringen und weil der Hund den Briefträger nicht als willkommenen Besucher erkennt. Das liegt am Beruf des Postboten, der ja zwangsläufig hunderte verschiedene Gärten und Wohnungen betritt. Von dort bringt er jeden Tag einen anderen Geruchsmix mit, der einen Hund verwirrt. Folge: Er stuft den Postboten als Fremden ein, der in seinem Revier nichts zu suchen hat.

247b. Dohlen sind Vögel, Dogge und Dobermann dagegen Hunderassen.

248a. Hunde sollen, ohne zu zerren, bei Fuß gehen – also neben ihrem Besitzer.

249b. Hunde verstehen Worte nicht so wie wir, sondern durch ständiges Wiederholen im selben Tonfall. Es ist sehr wichtig, dass du bei Befehlen (»Sitz!« oder »Aus!«) ruhig, fordernd und ohne jedes Schmeicheln sprichst. Willst du, dass dein Hund sich setzt, wiederholst du nur das eine Wort »Sitz!« und drückst dabei sein Hinterteil hinunter. Sitzt er, lobst du ihn ausgiebig mit fröhlicher Stimme.

250c. Rüden haben alle Pfoten voll zu tun, um ihr Revier abzustecken. Jeder Baum, den sie ansteuern, muss gekennzeichnet werden. War ein anderer Hund da, hebt dein Hund sein Bein und hinterlässt etwas Urin. Er »setzt Duftmarken«, sagt der Fachmann.

251b. Aus China kommen Hunde mit blauen Zungen – der Chow-Chow mit seinem dicken Löwenfell und der bullige Shar-Pei mit seiner faltenreichen Haut.

252c. Dass Hund und Katze sich oft nicht verstehen, liegt an ihrer unterschiedlichen Sprache. Hebt eine Katze die Tatze und holt aus, plant sie im nächsten Moment eine Krallen-Ohrfeige, wenn man sie nicht in Ruhe lässt. Hebt ein Hund die Vorderpfote, will er spielen. Er missversteht die Katze und bekommt dafür eins auf die Nase. Wachsen aber Hund und Katze gemeinsam auf, lernen sie die Fremdsprache des anderen und können unzertrennliche Freunde werden.

253b. Wärme lieben Katzen über alles. Ob im Freien oder in der Wohnung, sie suchen sich einen warmen, sonnigen, trockenen Platz.

254c. Katzen brauchen immer gute Übersicht, darum suchen sie sich erhöhte Liegeplätze. Auf der Fensterbank fühlen sie sich wohl, auf Sesseln, auf der Sofalehne oder auf einem Schrank.

255a. Gibt es weder Kratzbrett noch Kratzbaum in der Wohnung, wetzen Katzen ihre Krallen an Möbeln, Türen, auf dem Teppich.

256a. Katzen jagen liebend gern hinter allen Gegenständen her, die sich bewegen. Bälle in jeder Form – ob aus Gummi, Wolle, Papier – haben es ihnen angetan. In die Badewanne steigen Katzen nie freiwillig, Wasser ist ihnen ein Gräuel.

257c. Eine schöne, langhaarige Edelkatze heißt Perserkatze. Araber und Lipizzaner sind Pferderassen.

258b. Beim Putzen lecken Katzen kurze Haare auf, die sich im Magen ballen. Um dieses Haarknäuel zu lockern und loszuwerden, fressen Katzen Gras, danach können sie die Haare besser hervorwürgen.

259b. Bei Krach und Hektik würde jede Katze sich gern die Ohren zuhalten! Egal, ob Menschen schimpfen, ob der Staubsauger lärmt, Türen schlagen oder schrille Musikstücke den Raum vibrieren lassen: alles Gift für Katzenohren! Wohnungstiger lieben es sanft, ruhig, mögen Flüstern und leise Musik.

260c. Viele Katzen vertragen keine Kuhmilch, obwohl sie gern mal ein Schälchen schlabbern. Häufig bekommen sie davon Durchfall. Zum Trinken stellt man Katzen frisches Wasser hin.

261b. Meerschweinchen sind von Natur aus gutmütig.

262b. Single-Meerschweinchen verkümmern. In der Natur leben sie in Sippen und auch in der Wohnung brauchen sie unbedingt Gesellschaft von ihresgleichen. Ein Hund ist kein idealer Partner! Er hält umherhuschende Meerschweinchen für Jagdbeute und versetzt sie in Todesangst. Anders sieht es aus, wenn Hund und Meerschweinchen zusammen groß werden. Dann entwickeln sich Hunde mitunter zum Beschützer des kleinen Nagers.

263b. Wie der Blitz sind alle Meerschweinchen bei Gefahr unterm Stroh verschwunden. In freier Natur haben die Tiere einen Trick parat: Finden sie kein Versteck, fallen sie in Schreckstarre und spielen tot. Mit dem »Totstellen« überlisten sie manchen Greifvogel.

264a. Pfeifen und Quieken heißt bei Familie Meerschwein: »Achtung, Alarm! Nichts wie weg!«

265c. Kannst du dir vorstellen, dass irgendein Tier sein ganzes Leben in einem engen Käfig verbringen möchte? Nein! Deine Meerschweinchen fühlen sich »sauwohl«, wenn sie jeden Tag einige Zeit im Zimmer herumlaufen dürfen oder zumindest in einer großen Spielkiste mit Tunneln und Pappröhren. Im Sommer genießen Meerschweinchen frische Luft in einem Auslauf.

266b. Rosetten-Meerschweinchen tragen ihren Namen wegen der vielen runden Wirbel im Fell.

267c. Hamster frühstücken erst abends, sie sind nämlich »nachtaktiv«. So nennt man Tiere, die tagsüber schlafen und während der Nacht hellwach sind. Du ahnst schon: Hamster- und Kinderleben passen nicht so recht zusammen. Wer seinen Hamster tagsüber aus dem Schlaf reißt, hat nicht viel Freude an seinem Haustier, weil ein gestörter Hamster bissig wird. Eigentlich kannst du dich nur abends an deinem Hamster erfreuen, sobald er aus dem Nest kriecht.

268b. In freier Natur transportiert der Hamster in seinen großen Backentaschen alles Essbare in den Bau – Samen, Getreide, Pflanzen.

269b. Hamsterzähne wachsen ein Leben lang nach. Frisst der Nager nur weiches Futter, nutzen sich die Zähne kaum ab und werden zu lang. Damit Hamster ständig ordentlich nagen können, sollten Zweige im Käfig liegen.

270c. Das kleine, runde Laufrad im Käfig nennt man Hamsterrad, es sieht aus wie ein Miniwasserrad. Dieses Rad benötigen Hamster fürs Fitnesstraining. Ein freier Hamster läuft die ganze Nacht durchs Gelände, deshalb braucht er bei dir zu Hause ebenfalls viel Bewegung.

271a. Im Grunde sind Hamster keine Schmusetiere, aber viele mögen es gern, wenn man ihnen mit einem Finger behutsam über den Kopf streichelt. Ob dein Hamster das genießt, merkst du schnell: Er beginnt sich dann zu putzen.

272a. Die Kaninchenrasse heißt »Blaue Wiener« und hat bläuliches Fell.

273c. Den ganzen Tag möchten Kaninchen mümmeln, am liebsten Möhren, Salat und Löwenzahn. Zusätzlich brauchen sie frisches Heu, kernige Haferflocken und Zweige von Haselnusssträuchern oder Obstbäumen zum Benagen.

274b. Am besten verstehen sich zwei Schwestern aus einem Wurf. Mit zwei Brüdern (Rammler) geht es nur in der Kindheit gut. Wachsen die Burschen heran, bekämpfen sie sich. Ganz traurig ist es, ein Kaninchen allein zu halten, denn es braucht Kaninchenfreunde in der Nähe, um sich wohl zu fühlen.

275a. Klar müssen Vögel fliegen, wozu haben sie sonst Flügel? Täglich braucht ein Vogel mindestens eine Stunde Freiflug im Zimmer. Natürlich unter Aufsicht.

276b. Erst nach ihrer täglichen Erfrischung im Badehäuschen fühlen viele Vögel sich putzmunter. Verschmäht ein Vogel die vor den Käfig gehängte Wanne, ist ihm vielleicht der Boden zu glatt. Die Vogeldusche ist ein Ausweg. Man braust den gefiederten Freund mit klarem Wasser aus einer Sprühflasche ab.

277c. Vögel sind in der Mauser, wenn sie ihre Federn verlieren. Das geschieht einmal im Jahr, dabei werden zerbrochene, ausgefranste und unbrauchbare Federn ausgezupft und neue wachsen nach.

278b. Denk mal logisch: Woher kann der Name »Kanarienvogel« nur kommen? Richtig, von den Kanarischen Inseln (dazu gehören Teneriffa und Gran Canaria). Kanarienvögel singen wunderschön.

279b. Wellensittiche sind Sprachkünstler! Sie ahmen gern Laute nach, die sie oft hören. Sprich deinem Sittich jeden Tag geduldig ein paar Wörter vor (immer dieselben), dann wiederholt er sie irgendwann.

280c. Natürlich darf man kein Haustier aussetzen. Keinen Hund, keine Katze, kein Meerschweinchen, auch keine Kaninchen oder Vögel, die in freier Natur Verwandte haben. Haustiere finden sich draußen nicht zurecht. Hunde fühlen sich außerdem aus dem Rudel verstoßen und suchen verzweifelt nach ihrem Herrchen. Dazu kommt, dass streunende

Hunde und Katzen auf der Straße verletzt werden oder schwere Unfälle verursachen können. Wer sein Tier nicht behalten kann, muss es in gute Hände weitergeben, notfalls ins Tierheim bringen.

281b. Geparden sind die schnellsten Kurzstreckenläufer der Welt, sie erreichen eine Spitzengeschwindigkeit von 110 bis 120 Stundenkilometern.

282a. Der weiße Hai ist für Menschen gefährlich, weil er direkt an der Küste nach Beutefischen jagt. Dabei greift der lange Raubfisch (bis 12 m) immer wieder auch verunglückte Schwimmer oder Surfer an.

283b. Walhaie sind etwa 20 m lang, aber trotzdem für Menschen nicht gefährlich, weil diese Haiart nur kleines Wassergetier frisst.

284a. Komodowarane sehen aus wie Drachen aus dem Märchen. Die 3 m langen Echsen, die auf indonesischen Inseln leben, sind äußerst gefährlich. Mit ihren dolchähnlichen Krallen erlegen sie sogar große Wasserbüffel.

285a. Faultiere bewegen sich auf dem Erdboden im Zeitlupentempo, und zwar noch langsamer als Schnecken.

286a. Der Gabelbock, eine amerikanische Antilopenart, hängt auf langen Strecken spielend Wölfe ab! Gabelböcke laufen auf mittleren Strecken bis zu 95 Stundenkilometer, auf sehr weiten Strecken immer noch rund 55 km pro Stunde.

287b. Das größte Gehirn besitzt der Pottwal, es ist etwa 9 kg schwer.

288a. Der nordafrikanische Vogel Strauß, auch Rothalsstrauß genannt, ist der größte Vogel. Manche sind fast 3 m hoch, das ist mehr als Zimmerhöhe!

289c. Der putzige Minivogel gehört zu den Kolibris. Der Kleine misst nur 5 bis 6 cm und wiegt nicht einmal 2 g.

290a. Alle drei Vögel haben gewaltige Flügel, Sieger ist aber der Wanderalbatros, der im Schnitt eine Flügelspannweite von 3,20 bis 3,80 m besitzt.

291b. Papageien werden sehr alt, 80 bis 100 Jahre sind keine Seltenheit.

292c. Am größten und schwersten ist das Straußenei, es bringt bis zu 2 kg auf die Waage.

293a. Die Kasuar-Arten leben in Australien und sind die gefährlichsten Großvögel der Erde. Die gewaltigen Vögel sind mit messerscharfen Krallen und einer Extraklaue zum Verteidigen ausgerüstet. Geraten die Vögel unter Stress und fühlen sich bedroht, treten sie und können Menschen tödlich verletzen.

294c. Der Hai besitzt eine gewaltige Kraft in den Kiefern, die beim Zubeißen wie Knochenbrecher wirken.

295b. Am längsten ist die Riesenschlange Anakonda mit 7 bis 10 m, dicht gefolgt von der Netzpythonschlange, die ebenfalls bis 7 m lang werden kann.

296a. Galopprennpferde erreichen eine Geschwindigkeit von 70 bis 80 km/h.

297b. Der afrikanische Elefant ist das größte Säugetier an Land. Der Koloss bringt 7,5 t auf die Waage, also 7.500 kg! So viel wiegen 15 große Pferde! Der asiatische Elefant ist zwar leichter, bringt es aber auch noch auf 4.700 kg.

298c. Der winzige Hund mit großen Augen und merkwürdigen Ohren heißt Chihuahua (sprich: Schiwawa). Den Zungenbrecher-Namen bekam er von der gleichnamigen Stadt in Mexiko. Chihuahuas sind nur etwa 20 cm hoch und wiegen 1 bis 2 kg.

299a. Riesenschildkröten überleben einen Menschen locker – einige erreichten bereits das stolze Alter von 150 bis 180 Jahren. Über 100 Jahre alt werden »normale« Riesenschildkröten mit Leichtigkeit. Die Panzerriesen leben u. a. auf Galapagos, Madagaskar und den Seychellen.

300b. Männliche Giraffen erreichen eine Höhe von rund 5,5 bis fast 6 m. Damit überragen sie alle anderen Tiere.

Siegerehrung

Zähle die richtigen Antworten zusammen und sieh nach, wie gut du bist.

1. Platz
231–300 Punkte

Genial! Du bist die Königin des Wissens, der König der Quizfragen! Garantiert verschlingst du jeden Tag ein Tierbuch. Und du siehst keinen Film, in dem nicht mindestens zwei Tatzen oder Flossen vorkommen. Bestimmt setzt du dich für bedrohte Tiere ein. Du verstehst jedes Ohrenzucken von Hunden, Hyänen und Hutaffen und ich wette, dein Spitzname ist »Hase« oder »Mücke«. Jedes Haustier kann sich sämtliche Pfoten danach lecken, dich als Besitzer zu haben.

2. Platz
161–230 Punkte

Klasse! Du hast sehr viel Ahnung. Und zwar nicht nur von Haustieren, sondern auch von den wilden Bewohnern der Steppe, des Dschungels, der Weltmeere und der heimischen Wälder. Sonst hättest du diese hohe Punktzahl nicht erreichen können. In Bio gehörst du sicher zu den Leuchten der Klasse. Kannst ruhig ein bisschen mit deinem tollen Ergebnis angeben, das hast du dir wirklich verdient.

3. Platz
100–160 Punkte
Gut gemacht! Du kennst dich schon prima aus in der Welt der Tiere. Kann aber noch besser werden, wenn du dir Bücher über deine Lieblingstiere besorgst. Ein dickes Lob dafür, dass du bis zur letzten Frage mitgemacht hast. Jetzt weißt du eine Menge mehr über Tiere und willst sicher noch viel mehr erfahren. Die anderen auf Platz 1 und 2 müssen sich warm anziehen, denn du robbst dich an ihre Spitzenplätze heran.

4. Platz
bis 100 Punkte
Nicht schlecht für den Anfang! Du bist ein echter Nachwuchs-Tierfreund, der sich für alles interessiert, was auf vier Beinen unterwegs ist. Und für jedes Wesen, das hüpft und springt, kriecht und krabbelt, schwimmt und paddelt, fliegt und flattert. Weiter so – dann wirst du bald ein richtiger Tier-Professor!

Mehr Informationen bei:

Bundesamt für Naturschutz, 53179 Bonn, www.bfn.de

Bund für Umwelt und Naturschutz BUND, 10179 Berlin, www.bund.net

Bund gegen Missbrauch der Tier, 80803 München, www.bmt-tierschutz.de

Naturschutzbund Deutschland NABU, 53223 Bonn, www.NABU.de

Umweltstiftung WWF, 60326 Frankfurt, www.wwf.de/young-panda

Zum Weiterlesen:

Das große Arena Tierlexikon (ab 8), 3-401-05291-8

Bernard Stonehouse/Esther Bertram, Wie Tiere leben (ab 8), 3-401-05481-3